IBDP CHINESE B
LISTENING AND READING

IBDP中文B听读精练

冯薇薇（Vivienne Fung）主编

HL 1

Sinolingua
华语教学出版社

First Edition 2020

ISBN 978-7-5138-1947-3
Copyright 2020 by Sinolingua Co., Ltd
Published by Sinolingua Co., Ltd
24 Baiwanzhuang Street, Beijing 100037, China
Tel: (86)10-68320585, 68997826
Fax: (86)10-68997826, 68326333
http://www.sinolingua.com.cn
E-mail: hyjx@sinolingua.com.cn
Facebook: www.facebook.com/sinolingua
Printed by Dachang Rainbow Printing Co. Ltd

Printed in the People's Republic of China

前　言

　　人类社会步入21世纪，整个地球村以前所未有的速度发生着日新月异的变化，不同国家、不同地域的人们之间相互沟通和了解的需求也与日俱增。IB语言课程的学习将语言能力的提升作为桥梁，以相互理解、团结协作、树立国际视野作为学习的终极目的，这与今日世界的全球化趋势是一致的。

　　为了更好地满足IBDP中文B课程师生对于阅读及听力材料的需求，我们根据IBDP中文科目的五大主题（身份认同、个人经历、发明创造、社会组织、共享地球）选取了一批文章，分类整理成阅读文本和听力文本，并根据IB新大纲（2020年版）配以类型丰富、内容科学的练习题，进而形成了这套听读精练图书。本书每册对应IBDP的一个主题，每个主题分为HL、SL两个级别，通过有针对性的训练（听力训练的音频文件可以直接在华语教学出版社官网上下载），帮助学生在较短时间内稳步提高中文的阅读和听力理解能力。

　　中国是一个有着五千年历史的文明古国，也是一个焕发着勃勃生机的青春之国。为了让学习者更好地了解这个国家，本书所选取的阅读及听力文本不仅介绍了中国丰富多彩的文化传统，更介绍了今天中国社会的新鲜变化，内容涉及普通人的工作生活、科技的飞速发展、教育的改革变迁等，不仅契合IBDP中文B的五大主题，也体现了一个真实细腻的中国。通过本书，学习者不仅能提高自己中文的听读及表达能力，更能够逐步加深对中国社会的了解，进而达到IB所倡导的建立文化理解、培养国际视野的教育目标。

　　长风破浪会有时，直挂云帆济沧海。希望本书能陪伴学习IBDP中文B的学生踏上语言学习和文化沟通之路，摘取考试成功的桂冠！

目 录

"大暑"与养生
阅读文本 02
阅读练习 04
听力练习 08
听力文本
　　花生油——中国人的橄榄油 10
练习答案 12

风筝：飞翔千年的风中传奇
阅读文本 14
阅读练习 16
听力练习 20
听力文本
　　扬州炒饭为何摆上"特金会"餐桌？ 22
练习答案 24

蹴鞠：曾经辉煌的"中国足球"
阅读文本 26
阅读练习 28
听力练习 32
听力文本
　　月饼：中国人亲情的纽带 34
练习答案 36

针灸：源于千古　服务至今
阅读文本 38
阅读练习 40
听力练习 44
听力文本
　　火锅：烧开汤来涮美食 46
练习答案 48

抖空竹：老少皆宜的古老运动
阅读文本 50
阅读练习 52
听力练习 56
听力文本
　　鼓浪屿：中西文化的交融地 58
练习答案 60

故宫的建筑智慧
阅读文本 62
阅读练习 64
听力练习 68
听力文本
　　故宫冬天怎么取暖？ 70
练习答案 72

大运河书写水上文明史

阅读文本	74
阅读练习	76
听力练习	80
听力文本	
走进东坡故乡——眉山	82
练习答案	84

名花牡丹的文化魅力

阅读文本	86
阅读练习	88
听力练习	92
听力文本	
五千年的见证——良渚古城	94
练习答案	96

小站稻：中国饭碗装中国好粮

阅读文本	98
阅读练习	100
听力练习	104
听力文本	
中国人的月亮情结	106
练习答案	108

■ 抢救"天书"《南海更路经》
阅读文本 110
阅读练习 111
听力练习 115
听力文本
　　从"洋快餐"看中西文化融合 117
练习答案 119

"大暑"与养生

阅读文本

"大暑"与养生

中国地处北半球，每年7月22日到24日的其中一天，太阳位于黄经120°。这一天是中国大部分地区一年中体感最热的一天，所以被称为"大暑"。

"大暑"是二十四节气中的第十二个节气。二十四节气作为人类非物质文化遗产，在气象界被誉为"中国的第五大发明"，自秦汉时期至今已经有2000多年的历史。从古至今，二十四节气影响着中国千家万户的衣食住行，特别是对中国的农业生产具有非常重要的指导作用，因为它准确地反映了一年四季的变化。

"大暑"前后，中国各地的温差不大，气温普遍偏高，经常出现35℃～40℃的高温天气，这是喜热作物生长速度最快的时期。每年的这个日子里，农民们都会忙里偷闲，举行各种民俗活动，在火热的夏季寄托对生活美好的希望。

二十四节气将天文、农业、民俗完美地结合在一起，衍生出了大量与之相关的节气

文化，成为中华民族传统文化的重要组成部分。

"大暑"的民俗主要体现在吃的方面。这一时节的民间饮食习俗大致分为两种：一种是吃凉性食物①消暑，如广东吃仙草、台湾吃凤梨；另一种是吃热性食物②，如福建吃荔枝和羊肉，湖南吃童子鸡和姜。

"大暑"期间，中国人在生活方面同样有讲究。比如，从中医养生来看，"大暑"是冬病夏治③的最佳时机。人们可以通过喝热水、散步等方式让身体微微出汗，排出体内的湿毒，这样到了秋冬就不会生病了。在大暑时节，人们容易出现食欲不振的症状，因此人们发明了补气清暑、健脾养胃的"度暑粥"，如绿豆百合粥、薏米小豆粥，等等。这些美食可以帮助人们顺利度过炎热的"大暑"。

2000多年前，中国古人通过观察天时万物总结出了二十四节气，用以指导当时老百姓的生活和生产活动。如今，大暑时节的中国传统民俗和养生之道也随着节气文化的传播而深入人心。

---

①凉性食物：药理上具有清热、泻火、解毒等药性功能的食物。

②热性食物：减轻和消除寒症的食物。

③冬病夏治：对于一些在冬季容易发生或加重的疾病，在夏季给予针对性的治疗，提高机体的抗病能力，从而使冬季易发生或加重的病症减轻或消失。

阅读练习

一、根据文章的内容，从下面各题的四个选项中选出正确答案。（5分）

1. "大暑"期间太阳位于什么位置？
   A. 东经 120°   B. 黄经 102°
   C. 东经 102   D. 黄经 120°

2. 二十四节气至今已有多少年的历史？
   A. 1000 多年   B. 2000 多年
   C. 3000 多年   D. 5000 多年

3. 二十四节气将天文、＿＿＿、民俗完美地结合在一起。
   A. 农业   B. 林业
   C. 牧业   D. 渔业

4. "大暑"的民俗主要体现在哪个方面？
   A. 饮食   B. 服饰
   C. 出行   D. 装饰

5. 在"大暑"时节，人们容易出现什么症状？
   A. 腰酸背疼   B. 胸闷气短
   C. 手脚冰冷   D. 食欲不振

二、从文章中找出与下面各项意思最接近的词语。（5分）

6.【第三段】在繁忙中抽出一点儿空闲时间　　　　_____

7.【第三段】将理想、感情等放在……中　　　　_____

8.【第四段】演变而产生　　　　_____

9.【第六段】学问；值得重视或研讨的地方　　　　_____

10.【第七段】思想等为大家所深刻理解并拥护　　　　_____

三、根据文章的内容，回答下面的问题。（3分）

11. 二十四节气在气象界被誉为什么？
_____

12. 为什么二十四节气对中国的农业生产具有非常重要的指导作用？
_____

13. 从中医养生来看，"大暑"是做什么的最佳时机？
_____

四、根据文章内容，判断下列说法是对还是错，并用文中内容说明理由。（5分）

　　　　　　　　　　　　　　　　　　　　　　　　　　　　　对　　错

14. "大暑"是一年中的第十二个节气。　　　　　　　　　　□　　□

　　理由：_____

15. "大暑"前后中国各地的温差很大。　　　　　　　　　　□　　□

　　理由：_____

16. "大暑"这一天是中国大部分地区气温最高的一天。　　　□　　□

　　理由：_____

17. "大暑"期间广东人吃荔枝和羊肉消暑。　　　　　　　　□　　□

　　理由：_____

18. "度暑粥"有绿豆百合粥、薏米小豆粥，等等。　　　　　□　　□

　　理由：_____

五、根据文章的内容，从右边选出最合适的结尾来完成左边的短句。（7分）

19. "大暑"前后中国各地气温普遍偏高，☐

20. 每年"大暑"期间农民们举行各种民俗活动，☐

21. 人们通过喝热水、散步等方式 ☐

22. 中国古人通过观察天时万物 ☐

23. "大暑"时节的中国传统民俗和养生之道 ☐

24. 多喝补气清暑的"度暑粥"，☐

25. "大暑"时节的民间饮食习俗 ☐

A. 大致分为两种。

B. 总结出了二十四节气。

C. 大暑期间就不太容易生病了。

D. 这是喜热作物生长速度最快的时期。

E. 随着节气文化的传播而深入人心。

F. 在火热的夏季寄托对生活美好的希望。

G. 指导人们生活和劳动。

H. 要注意保暖。

I. 例如喝粥和吃羊肉。

J. 让身体微微出汗。

一、根据录音内容，回答下面的问题。（5分）

1. 中国花生总产量占世界总产量的比例是多少？
   _____

2. 中国人是从什么时候开始吃花生油的？
   _____

3. 花生除了食用，还有什么价值？
   _____

4. 花生从古代开始就被称为什么？
   _____

5. 为什么花生油深受人们喜爱？请写出一个原因。
   _____

二、根据录音内容，选择正确答案。（5分）

6. 花生油被称为中国的什么油？　　　　　　　　　　　　□

   A. 核桃油　　　　　　　　　　　B. 橄榄油

   C. 大豆油　　　　　　　　　　　D. 玉米油

7. 花生在中国哪两个省种植面积最大，产量最多？

A. 山东、河南　　　　　　　　　B. 广东、云南

C. 山东、云南　　　　　　　　　D. 广东、河南

8. 下面哪一项不是花生的别称？

A. 素中之荤　　　　　　　　　　B. 植物肉

C. 长生果　　　　　　　　　　　D. 人参果

9. 中国有句俗语：常吃花生能_____。

A. 减肥　　　　　　　　　　　　B. 治病

C. 美容　　　　　　　　　　　　D. 养生

10. 油酸有很多作用，下面哪一项录音中没有提到？

A. 降低血压　　　　　　　　　　B. 减少炎症

C. 美容养颜　　　　　　　　　　D. 降低人体内坏的胆固醇

三、根据录音内容，判断下列说法的对错。（5分）

11. 只有中国人才喜欢吃花生油。

12. 花生的蛋白质和脂肪含量比肉、蛋要高。

13. 经常食用花生油有益于人体的心脑血管健康。

14. 中国自主研发的高油酸花生油里的油酸含量大于85%。

15. 目前花生油的主要制作方法是浸出法。

花生油——中国人的橄榄油

北京烤鸭、宫保鸡丁、麻婆豆腐……中国菜在全球可谓是久负盛名，其煎炒烹炸等烹饪方法让人眼花缭乱。可西方人不知道的是，中国菜在食用油的选择上也有自己的特点。与西方人喜欢橄榄油不同，花生油是中国人最喜爱的食用油之一。

为什么中国人用花生来榨油？原来，花生是中国人最喜欢的传统食品之一，在中国各地均有种植。目前，中国花生总产量约占世界总产量的40%，其中以山东、河南等地种植面积最大，产量最多。花生的蛋白质和脂肪含量比肉、蛋还高，所以有人把花生叫作"素中之荤"或"植物肉"。根据古籍记载，从清朝开始，中国人就开始食用花生油。后来，花生油渐渐成为了中国人主要的食用油之一。

花生适合烹炒煎炸，非常符合中国人的饮食习惯。除此之外，花生还含有丰富的油酸、亚油酸，维生素E、锌、钙等多种人体需要的营养元素，因此，花生除了食用，也具有一定的药用价值，自古以来就被称为"长生果"。中国有句俗语：常吃花生能养生。因此，花生油又被称为"中国的橄榄油"。经过国内外营养学专家通过科学实验证明，花生油在预防心血管疾病方面能够发挥有效作用，经常食用花生油有益于人

体的心脑血管健康。

近年来，中国自主研发的高油酸花生油已经面世。这种花生油里的油酸含量大于75%，可与橄榄油相媲美，并且具有营养丰富、健康美味、香味浓郁的特点，深受消费者的喜爱。据专家介绍，油酸被营养界称为"安全脂肪酸"，它本身具有抗氧化的作用，可以降低人体内坏的胆固醇，同时又能升高人体内好的胆固醇，可以有效降低心脑血管的发病率，降低血压，减少炎症，降低大脑退化的发病率。

目前，花生油的主要制作方法为压榨法。压榨法就是靠压力将花生里的油脂分离出来。压榨出来的花生油具有色、香、味俱全的特点，并且保留了花生原汁原味的新鲜度。

花生油作为中国的特色食用油，除了受到中国国内消费者的欢迎，还远销日本、韩国、东南亚等地，受到国际消费者的喜爱。

练习答案

阅读

1. D 2. B 3. A 4. A 5. D

6. 忙里偷闲 7. 寄托 8. 衍生 9. 讲究 10. 深入人心

11. "中国的第五大发明"

12. 因为它准确地反映了一年四季的变化。

13. 冬病夏治

14. 对。"大暑"是二十四节气中的第十二个节气。

15. 错。"大暑"前后,中国各地的温差不大,气温普遍偏高。

16. 错。这一天是中国大部分地区一年中感到最热的一天,所以被称为"大暑"。

17. 错。广东吃仙草,福建吃荔枝和羊肉。

18. 对。人们发明了补气清暑、健脾养胃的"度暑粥",如绿豆百合粥、薏米小豆粥,等等。

19. D 20. F 21. J 22. B 23. E 24. C 25. A

听力

1. 40% 2. 清朝 3. 药用 4. 长生果

5. 营养丰富 / 健康美味 / 香味浓郁

6. B 7. A 8. D 9. D 10. C

11. 错 12. 对 13. 对 14. 错 15. 错

风筝：飞翔千年的风中传奇

阅读文本

风筝：飞翔千年的风中传奇

春天放风筝是中国一种传统的习俗和运动，老幼皆宜。放风筝时，手、眼、脑并用，既能修心养性，也可强身健体。在中国古人心中，放风筝不但是一种游艺活动，更是一种寄托。人们希望通过放风筝"放"走自己的疾病和晦气。

风筝源于中国的春秋时期（前770-前476），至今已有2000多年的历史。到南北朝时（420-589），风筝开始成为传递信息的工具。隋唐时期（581-907），中国的造纸业发达，民间开始用纸来裱糊风筝。到了宋代，风筝的流传更为广泛，放风筝成为人们喜爱的户外活动。明清时期（1368-1911）是中国风筝发展的鼎盛时期，那时的风筝在大小、样式、扎制技术、装饰和放飞技艺上都有了超越前代的巨大进步。

风筝不仅是玩具，还是精美的工艺品。在幅员辽阔的中国，不同的地域文化造就了多个风筝流派的诞生。其中，山东潍坊的龙头蜈蚣风筝、北京沙燕风筝、天津软翅风筝与南通哨口风筝最具特色。它们或精巧或艳丽，工艺精湛，各有千秋。

中国风筝以细竹扎成骨架，再用纸或绢糊制而成。传统的中国风筝工艺包括"扎、糊、绘、放"四种技艺。"扎"要达到对称的目的，使风筝左右两侧的受风面积相当；"糊"要保证风筝整体平整、干净利落;"绘"要达到远眺清楚、近看真实的效果;"放"要依据风力调整拉绳的角度。

　　风筝为历代的劳动人民、文人墨客甚至皇室贵族所接纳,并发展成了一种文化艺术。风筝有成百上千种图案,已经形成一套别具特色的彩绘图案艺术品,成为中国传统工艺美术的一部分。风筝大体分为"求福""长寿""喜庆""吉祥"等类型,显示出人们对美好生活的向往与追求。

　　有着2000多年历史的风筝一直受中国传统文化的熏陶,成为中国传统文化的一部分。风筝寓意着吉祥,凝聚了中华民族的大智慧,渗透着民族传统与习俗。2006年5月20日,经中国政府批准,风筝制作技艺被列入第一批国家非物质文化遗产名录。

　　近年来,北京、潍坊等地举办了多届规模盛大的国际风筝节,吸引了很多国际友人与国外企业来到中国。人们在风筝节上展示各自精致的风筝作品,洽谈贸易合作。小小的风筝把中西方文化连在了一起,并促进了中西方的文化交流和经济合作,架起了友谊的桥梁。

阅读练习

一、根据文章的内容，从下面各题的四个选项中选出正确答案。

（5分）

1. 风筝源于中国的哪个时期？ ☐

    A. 春秋   B. 南北朝

    C. 隋唐   D. 明清

2. 风筝的历史有多久？ ☐

    A. 500多年   B. 1000多年

    C. 1500多年   D. 2000多年

3. 中国民间是什么时候开始用纸来裱糊风筝的？ ☐

    A. 春秋   B. 南北朝

    C. 隋唐   D. 明清

4. 中国风筝发展的鼎盛时期是什么时候？ ☐

    A. 春秋   B. 南北朝

    C. 隋唐   D. 明清

5. 北京最具特色的风筝是什么风筝？ ☐

    A. 龙头蜈蚣风筝   B. 沙燕风筝

    C. 软翅风筝   D. 哨口风筝

二、从文章中找出与下面各项意思最接近的词语。（4分）

6.【第一段】不吉利，倒霉　　　　　　　　　　_____

7.【第三段】宽广　　　　　　　　　　　　　　_____

8.【第六段】寄托或隐含　　　　　　　　　　　_____

9.【第六段】前人留下来的财富　　　　　　　　_____

三、根据文章第四段，回答下面的问题。（3分）

10. 中国风筝用什么做骨架？
_____

11. 中国风筝用什么糊制而成？
_____

12. 传统的中国风筝工艺包括哪几种？
_____

四、根据文章内容，判断下列说法是对还是错，并用文中内容说明理由。（5分）

对　错

13. 风筝只适合年轻人放。　☐　☐

理由：
_____

14. 在南北朝时期，风筝开始成为中国人传递信息的工具。　☐　☐

理由：
_____

15. "糊"要达到对称的目的，使风筝左右两侧的受风面积相当。　☐　☐

理由：
_____

16. 除了劳动人民，中国古代的皇室贵族也放风筝。　☐　☐

理由：
_____

17. 风筝的图案有"求福""长寿""喜庆""吉祥"四种。　☐　☐

理由：
_____

五、根据文章的内容，从右边选出最合适的结尾来完成左边的短句。（3分）

18. 放风筝时既能修心养性，□

19. 人们在风筝节上展示各自精致的风筝作品，□

20. 风筝把中西方文化连在了一起，□

A. 架起了友谊的桥梁。
B. 洽谈贸易合作。
C. 所以成为传递信息的工具。
D. 也能强身健体。
E. 包括"扎、糊、绘、放"四种技艺。
F. 因此成为人们喜爱的户外活动。
G. 也是精美的工艺品。
H. 显示出人们对美好生活的向往与追求。

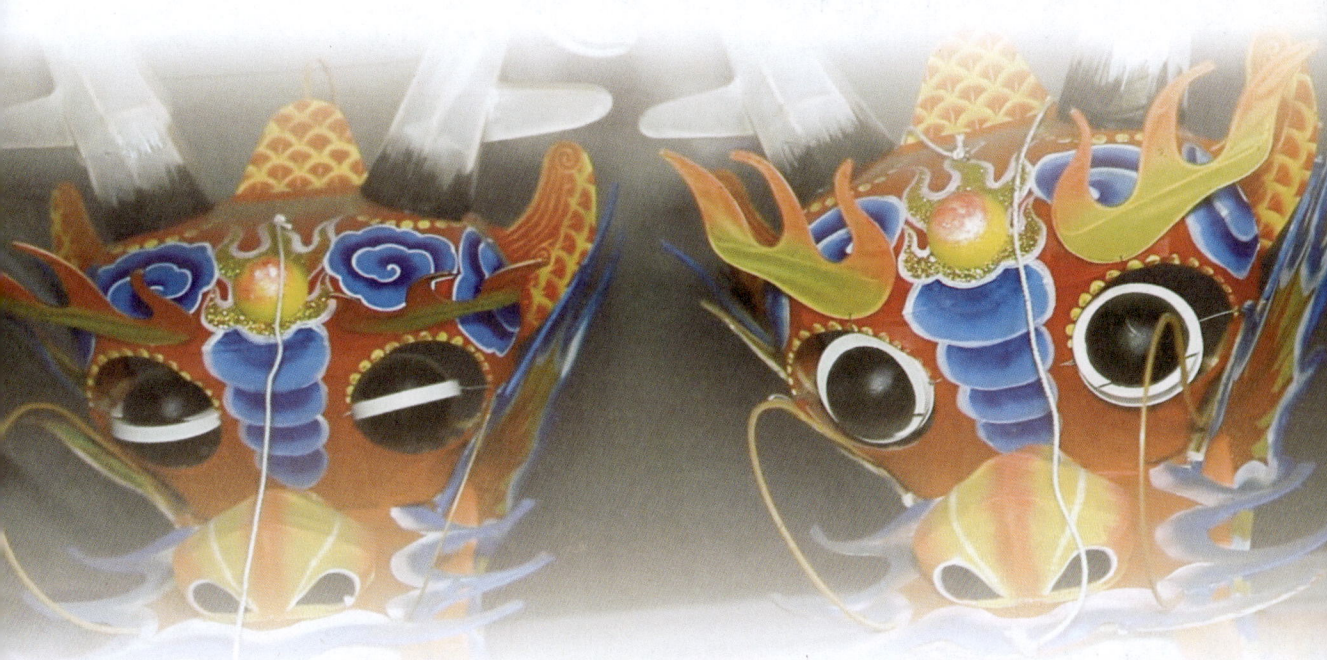

 听力练习

一、根据录音内容，回答下面的问题。（5分）

1. "特金会"在哪里举行？

_____

2. 在"特金会"期间，扬州炒饭出现在一日三餐的哪一餐里？

_____

3. 扬州炒饭是哪个国家的美食？

_____

4. 做扬州炒饭的配料最少要有多少种？

_____

5. 扬州炒饭是在哪一年进入联合国接受品鉴的？

_____

二、根据录音内容，选择正确答案。（5分）

6. 世界上哪个国家的炒饭很有特色？　　　　　　　　　　□

　A. 英国　　　　　　　　　　　B. 美国

　C. 西班牙　　　　　　　　　　D. 澳大利亚

7. 扬州炒饭的主料包括_____。

   A. 火腿肉 B. 虾仁

   C. 青豌豆 D. 鸡蛋

8. 前美国第一夫人米歇尔·奥巴马是在哪一年来中国访问的？

   A. 2013 年 B. 2014 年

   C. 2015 年 D. 2016 年

9. 扬州位于_____。

   A. 黄河沿岸 B. 长江沿岸

   C. 珠江沿岸 D. 运河沿岸

10. 扬州菜系的特点包括_____。

    A. 融合、自然 B. 清淡、典雅

    C. 包容、和谐 D. 新鲜、香甜

三、根据录音内容，判断对错。（5分）

11. 参加"特金会"的领导人来自美国和朝鲜。

12. 很多生活在世界各国的外国人都知道扬州炒饭。

13. 国外的所有餐厅都有扬州炒饭。

14. 联合国前秘书长潘基文非常喜欢中国美食。

15. "特金会"上的扬州炒饭没有加入任何酱料。

扬州炒饭为何摆上"特金会"餐桌?

2018年6月,美国总统特朗普和朝鲜最高领导人金正恩在新加坡举行了首次会晤,二人的一举一动都成为互联网上人们分享、热议的焦点。在此次会晤中,有一样东西产自中国,那就是美朝领导人午餐中享用的一道美食——扬州炒饭。

世界上很多国家,比如西班牙、泰国、印度等,都有各具特色的炒饭,而中国的扬州炒饭有特别的考究和精致之处。

标准的扬州炒饭是以最顶级的籼米饭、鲜鸡蛋为主料,配料至少包括水发海参、中国火腿肉、上浆湖虾仁、净鲜笋、青豌豆等8种,做出的炒饭颗粒分明,色泽明快,口感咸鲜,香糯可口。

与其他炒饭不同,传统的扬州炒饭一般不会加入改变味道和色泽的特殊酱料,但是大厨们依旧能烹制出迷人的清香。

扬州炒饭是海外最为熟知的中华美食符号之一。在中国乃至世界各地的中餐馆里,几乎都能点到扬州炒饭,据说很多外国人就是从扬州炒饭了解到中国风味的。许多外国领导人也都品尝过扬州炒饭。

2013年,扬州炒饭与其他很多中国特色菜肴首次进入联合国接受品鉴,引得时任联合国秘书长的潘基文盛赞中国美食的精妙。2014年,当时的美国第一夫人米歇尔·奥巴马对中国进行访问,在晚宴菜单中,扬州炒饭作为主食被选中。同年的北京亚太经济合作组织会议期间,扬州炒饭也是外国部长们最喜欢的中国美食之一。而这一次,扬州炒饭作为中华美食文化的代表,又一次呈现在了美朝领导人和全世界面前。

　　据悉,此次"特金会"上的扬州炒饭里加入了XO酱来进行烹制。这份"独家秘制XO酱扬州炒饭"是扬州炒饭多年来融合、创新和发展的体现。

　　扬州炒饭因发源城市扬州而命名。据说因为南来北往的船只在这个运河城市交汇,使这里的菜系逐渐形成了融合和自然的特点。扬州炒饭的细致和精巧承载了深厚的历史积淀,它体现出的中国美食的包容、和谐和创意,使得中华文化通过美食名扬海外。

练习答案

阅读

1. A 2. D 3. C 4. D 5. B

6. 晦气 7. 辽阔 8. 寓意 9. 遗产

10. 细竹

11. 纸或绢

12. 扎、糊、绘、放

13. 错。春天放风筝是中国一种传统的习俗和运动，老幼皆宜。

14. 对。到南北朝时（420-589），风筝开始成为传递信息的工具。

15. 错。"扎"要达到对称的目的，使风筝左右两侧的受风面积相当；"糊"要保证风筝整体平整、干净利落。

16. 对。风筝为历代的劳动人民、文人墨客甚至皇室贵族所接纳，并发展成了一种文化艺术。

17. 错。风筝有成百上千种图案。

18. D 19. B 20. A

听力

1. 新加坡 2. 午餐 3. 中国 4. 8/八 5. 2013

6. C 7. D 8. B 9. D 10. A

11. 对 12. 对 13. 错 14. 对 15. 错

蹴鞠：曾经辉煌的"中国足球"

蹴鞠：曾经辉煌的"中国足球"

梅西、C罗、内马尔无疑是2018年夏天最耀眼的明星。伴随着俄罗斯世界杯的举行，足球运动再一次吸引了全世界的注意。虽然聚光灯之外，

中国足球再次缺席世界杯，但是曾经的中国人真的很会"踢球"。

2004年，国际足联确认足球起源于中国。"蹴鞠"就是有史料记载的最早的足球活动。"蹴"的意思是"用脚踢"，而"鞠"的意思是"足球"。古代的"鞠"用皮子制成，里面填满毛发。相传当时的鞠由黄帝发明，最早是用于军事训练的。可能得益于"蹴鞠"强身健体的功效，黄帝[①]的军队打败了蚩尤[②]，成为了当时中国的霸主。

古代"蹴鞠"的赛制多种多样，有类似今天的双方对垒、互射球网等。另外，还有一种非常特别的射"风流眼"的比赛（"风流眼"是一种特殊的球门，距离地面有一定的高度）。双方球员通过"风流眼"将球射向对方半场，射过"风流眼"次数多的一方获胜。

除此之外，古代的蹴鞠还具有表演性质。球员在鼓乐的伴奏下，用脚、

---

①黄帝：古华夏部落联盟首领，中国远古时代华夏民族的共主。

②蚩尤：古代传说中九黎族的首领。与黄帝战于涿鹿，失败被杀。

肩、头等部位进行控球表演，甚至有类似今天"倒挂金钩"的表演。

在古代，蹴鞠的流行程度不亚于今天的足球。那时最著名的球星应该算是高俅了。据小说《水浒传》记载，高俅因擅长蹴鞠而得到当时的皇帝宋徽宗的赏识，从而飞黄腾达。由此可见，宋徽宗也是个超级球迷。然而，宋徽宗应该还不能算是最狂热的球迷，在他之前还有一个西汉人叫项处，他因迷恋"蹴鞠"，虽身患重病仍不遵医嘱在家休息，反而继续外出蹴鞠，结果不治身亡。

值得一提的是，在古代，蹴鞠不光是一项男人的运动，女子踢球也不少见。今天流传下来的不少宋代铜镜上就有男女一起踢球的纹饰。

虽然蹴鞠运动后来不再流行了，但它带给中国人团结合作、积极向上的精神仍然存在。时至今日，虽然中国足球的成绩始终不如人意，但中国球迷对足球运动的狂热有增无减。希望在不久的将来，中国足球能带给球迷惊喜。

阅读练习

一、根据文章的内容，从下面各题的四个选项中选出正确答案。（5分）

1. 哪一年国际足联确认足球起源于中国？ ☐

   A. 2000 年　　　　　　　　　　　　B. 2001 年

   C. 2004 年　　　　　　　　　　　　D. 2008 年

2. 有史料记载的最早的足球活动是什么？ ☐

   A. 蹲鞠　　　　　　　　　　　　　B. 鞠蹴

   C. 蹴掬　　　　　　　　　　　　　D. 蹴鞠

3. 古代射"风流眼"比赛中的"风流眼"是什么？ ☐

   A. 足球　　　　　　　　　　　　　B. 球门

   C. 球员　　　　　　　　　　　　　D. 球网

4. 中国古代最著名的球星是＿＿＿。 ☐

   A. 高俅　　　　　　　　　　　　　B. 宋徽宗

   C. 项处　　　　　　　　　　　　　D. 黄帝

5. 中国古代最狂热的球迷是＿＿＿。 ☐

   A. 高俅　　　　　　　　　　　　　B. 宋徽宗

   C. 项处　　　　　　　　　　　　　D. 黄帝

-28-

二、从文章中找出与下面解释最接近的词。（4分）

6.【第一段】开会或上课时没有到 ＿＿＿＿＿＿

7.【第五段】重视或赞扬（多用于上对下） ＿＿＿＿＿＿

8.【第五段】一时激起的极度热情 ＿＿＿＿＿＿

9.【第五段】治疗无效而死亡 ＿＿＿＿＿＿

三、根据文章第二段，回答下面的问题。（2分）

10. 古代的"鞠"是用什么做成的？
＿＿＿＿＿＿＿＿＿＿＿＿＿＿＿＿＿＿＿＿＿

11. 相传"鞠"是谁发明的？
＿＿＿＿＿＿＿＿＿＿＿＿＿＿＿＿＿＿＿＿＿

四、根据文章内容，判断下列说法是对还是错，并用文中内容说明理由。（5分）

	对	错
12. 中国足球进入了2018年世界杯。 理由：＿＿＿＿＿＿＿＿＿＿＿＿＿＿＿＿	☐	☐

　　　　　　　　　　　　　　　　　　　　　　　　　　对　　错

13. 相传蚩尤的军队打败了黄帝，成为了当时中国的　□　　□
　　霸主。

　　理由：

　　_____

14. 中国古代蹴鞠的赛制只有一种。　　　　　　　　　□　　□

　　理由：

　　_____

15. 在古代中国，蹴鞠的流行程度跟今天的足球差不多。□　　□

　　理由：

　　_____

16. 在中国古代，只有男人才能踢球。　　　　　　　　□　　□

　　理由：

　　_____

五、根据文章的内容，从右边选出最合适的结尾来完成左边的短句。（4分）

17. 伴随着俄罗斯世界杯的举行，□

18. 球员用脚、肩、头等部位进行控球表演，□

19. 虽然蹴鞠运动后来不再流行，□

20. 虽然中国足球的成绩始终不如人意，□

A. 但中国足球带给了球迷惊喜。

B. 足球运动又一次吸引了全世界的注意。

C. 成为今天的足球。

D. 甚至有类似今天"倒挂金钩"的表演。

E. 中国球迷再一次成为全球瞩目的焦点。

F. 但中国球迷对足球运动的狂热有增无减。

G. 但流行程度不亚于今天的足球。

H. 但它带给中国人团结合作、积极向上的精神仍然存在。

听力练习

一、根据录音内容，回答下面的问题。（5分）

1. 中秋节最早体现的是古代中国人对什么的崇拜？

2. 杨贵妃是谁？

3. 中秋之夜，如果有家人没有回来，其他人会怎么做？

4. "但愿人长久，千里共婵娟"是哪个朝代的词？

5. 月饼按产地分为哪三种？

二、根据录音内容，选择正确答案。（5分）

6. 中国的传统节日中秋节是农历哪一天？

  A. 正月初一   B. 五月初五

  C. 七月十五   D. 八月十五

7. 下面哪一件不是中国人为庆祝中秋做的事?

   A. 赏明月   B. 吃月饼

   C. 看花灯   D. 划龙舟

8. 中秋节是从什么时候成为中国固定的传统节日的?

   A. 唐代   B. 宋代

   C. 清代   D. 民国

9. 月饼最初叫什么?

   A. 包子   B. 馒头

   C. 胡饼   D. 春饼

10. 月饼是什么的象征?

    A. 财富   B. 健康

    C. 团圆   D. 爱情

三．根据录音内容，判断下列说法的对错。（5分）

11. 月饼本是中秋节用来祭奉月神的祭品。

12. 月饼的口味有甜的也有咸的。

13. 月饼的包馅只有少数几种。

14. 月饼是只有中国人才吃的点心。

15. 随着时间的推移，月饼的内涵不断在变。

月饼:中国人的亲情纽带

每年农历八月十五是中国的传统节日——中秋节。在这一天,中国人会赏明月、吃月饼、看花灯。中国有句俗话:民以食为天。传统节日中的特色饮食将中国的文化精髓发挥得淋漓尽致,比如春节吃饺子、元宵节吃汤圆、端午节吃粽子。而月饼也成为了中秋节的典型符号。

中秋节最早体现的是古代中国人对月亮的崇拜。相传在中国古代,皇帝有春天祭日、秋天祭月的习俗。农历八月十五当天,月亮会形成又圆又亮的满月。而这一天恰好在秋季的中间,所以称为"中秋"。从唐代开始,中秋节成为中国固定的传统节日。

月饼本是中秋节时用来祭奉月神的祭品,最初称为"胡饼"。月饼这个名字的由来,相传跟中国古代四大美女之一的杨贵妃有关。传说有一年中秋,唐玄宗和杨贵妃赏月吃胡饼时,杨贵妃仰望皎洁的明月,被美景感染,于是给胡饼起名为"月饼"。后来,祭月习俗传入平常百姓家。每当中秋之夜月亮升起,全家人会围桌而坐分食月饼,共享天伦之乐。如果家中有人未归,也要留下一角月饼,以示全家团圆。"但愿人长久,千里共婵娟",中国宋朝词人苏轼的一句词,展现了人们在中秋节对团

圆的渴望。因此，中秋节又被视为"团圆节"，月饼也成为了团圆的象征。

中国月饼种类繁多，按产地分有苏式、广式、京式等，就口味而言，有甜的也有咸的。月饼除了有代表团圆的传统圆形之外，还有正方、八角、三角等形状，包馅有冰糖、豆沙、五仁、枣泥、火腿、蛋黄等数十种。如今，随着时代的发展，市场上还出现了冰淇淋、巧克力、水果等新奇口味。除了中国品牌，一些国外品牌也推出了独具特色的月饼。月饼正逐渐走向海外市场，成为受人们欢迎的点心。

每一个节日都是民族文化长期沉淀的结果。虽然月饼的样式和口味不断推陈出新，但是其内涵始终不变。圆圆的月饼不仅寄托着中国人的浓厚亲情和乡情，更传承着淳朴而深远的中国文化。

练习答案

阅读

1. C 2. D 3. B 4. A 5. C

6. 缺席 7. 赏识 8. 狂热 9. 不治身亡

10. 古代的"鞠"用皮子制成，里面填满毛发。

11. 相传当时的鞠由黄帝发明。

12. 错。虽然聚光灯之外，中国足球再次缺席世界杯，但是曾经的中国人真的很会"踢球"。

13. 错。黄帝的军队打败了蚩尤，成为了当时中国的霸主。

14. 错。古代"蹴鞠"的赛制多种多样，有类似今天的双方对垒、互射球网等。

15. 对。在古代，蹴鞠的流行程度不亚于今天的足球。

16. 错。在古代，蹴鞠不光是一项男人的运动，女子踢球也不少见。

17. B 18. D 19. H 20. F

听力

1. 月亮

2. 中国古代美女

3. 留下一角月饼

4. 宋朝

5. 苏式、广式、京式

6. D 7. D 8. A 9. C 10. C

11. 对 12. 对 13. 错 14. 错 15. 错

针灸：源于千古　服务至今

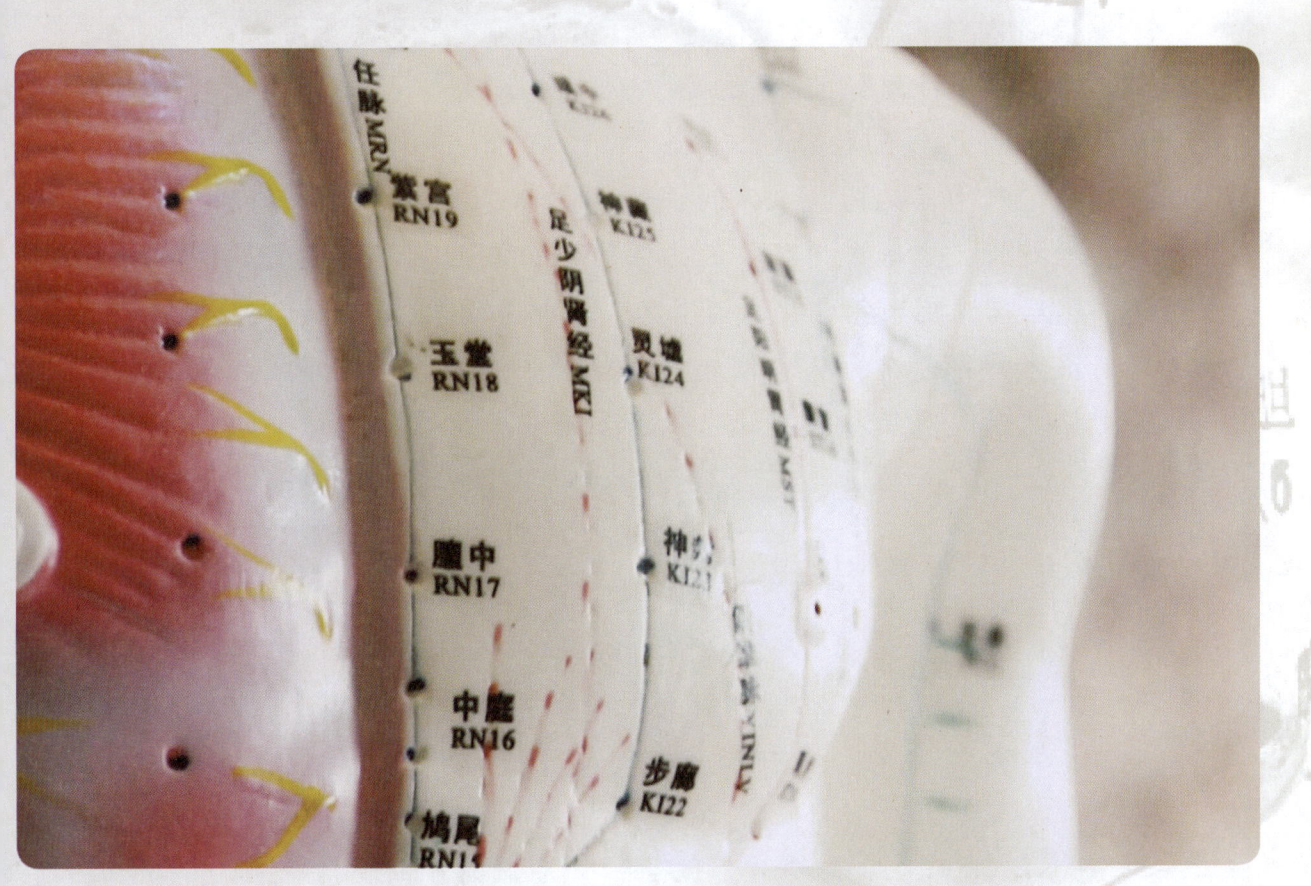

针灸：源于千古 服务至今

针灸是指通过针刺、艾灸等对穴位的刺激来治疗疾病。这是一种中国特有的、古老而神奇的医术。

中医将人体内部的气血流通视为纵横交错的网络，称之为"经络"。经络线上特殊的点就叫"穴位"。中医认为，人体的许多病变都是由经络运行不畅引起的，所以在治疗时，中医先用独特的方法诊断出病因，确定病变属于哪一个经络，然后根据病人各自身体的情况，在相应的穴位进行针灸治疗。

针灸治疗很复杂，从穴位选择到行针手法的运用都非常灵活，要求非常严格。针灸对病人使用的穴位有多有少，少则只扎一个穴位，多则

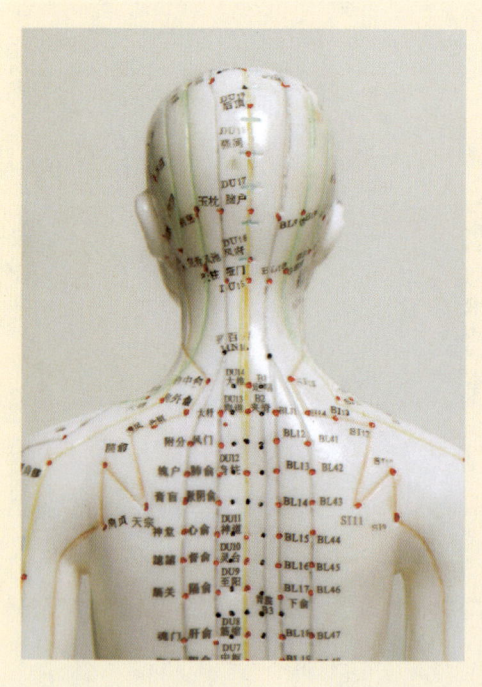

要扎数十个穴位，比如，鼻塞选"迎香穴"，胃病选"足三里穴""内庭穴"，等等。简单地说，就是通过刺激穴位，使经脉运行畅通，让人体内能量归于相对平衡，从而达到防治疾病的目的。

针灸疗法是中国医学遗产的一部分。它最早见于战国时期的《黄帝内经》一书，千百年来为中国人的健康做出了卓越的贡献。直到现在，针灸仍然发挥着重要的作用。

针灸术是继中餐后又一个传遍西方的中国文化精粹。早在公元6世纪，中国

的针灸术便开始传播到国外。2010年11月16日，中医针灸被列入"人类非物质文化遗产代表作名录"。目前，已有120多个国家和地区应用针灸术为本国人民治病。我们相信，在未来，针灸这一伟大的医学学科还有更大的潜力值得我们发掘。

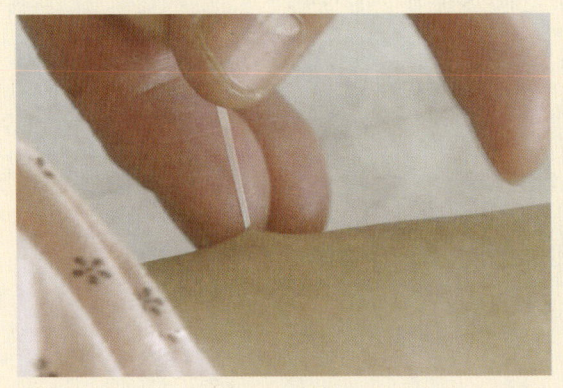
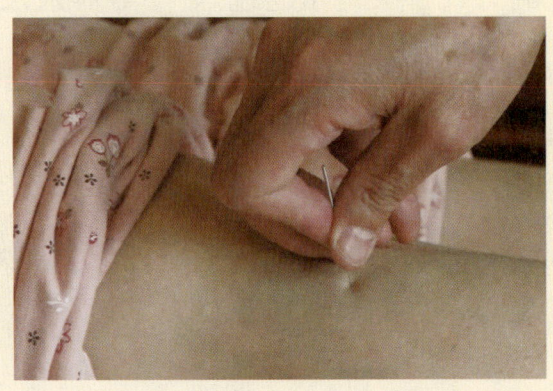

一、根据文章的内容，从下面各题的四个选项中选出正确答案。

（5分）

1. 针灸是指通过＿＿＿等对穴位的刺激来治疗疾病。 ☐

    A. 针刺、拔罐   B. 针刺、艾灸

    C. 刮痧、艾灸   D. 拔罐、刮痧

2. 中医认为，人体的许多病变都是什么引起的？ ☐

    A. 细菌   B. 上火

    C. 经络运行不畅   D. 饮食不当

3. 鼻塞应该针灸哪个穴位？ ☐

    A. 足三里   B. 内庭

    C. 太阳   D. 迎香

4. 针灸最早是在哪一本书里出现的？ ☐

    A.《本草纲目》   B.《黄帝内经》

    C.《神农本草经》   D.《伤寒杂病论》

5. 中医针灸是在哪一年被列入"人类非物质文化遗产代表作名录"的？

☐

    A. 2000 年   B. 2001 年

    C. 2010 年   D. 2011 年

二、从文章中找出与下面各项意思最接近的词语。（5分）

6.【第二段】由致病因素引起细胞、组织或器官的变化　_____

7.【第三段】敏捷，不呆板　_____

8.【第三段】没有阻碍　_____

9.【第五段】后劲　_____

10.【第五段】把人们不容易发现的事物揭露或揭示出来　_____

三、根据文章内容，回答下面的问题。（3分）

11. 什么是中医里的经络？

_____

12. 什么是穴位？

_____

13. 目前有多少个国家和地区应用针灸术为本国人民治病？

_____

四、根据文章内容，判断下列说法是对还是错，并用文中内容说明理由。（5分）

对　错

14. 中医在进行针灸治疗时，先用独特的方法诊断出病因，找出病变属于哪一个经络。　□　□
理由：
_____

15. 针灸治疗很复杂，从穴位选择到行针手法的运用都非常严格，要求非常灵活。　□　□
理由：
_____

16. 针灸治疗对病人使用的穴位一般都要数十个。　□　□
理由：
_____

17. 针灸术是第一个传遍西方的中国文化精粹。　□　□
理由：
_____

18. 早在公元前6世纪，中国的针灸术便开始传播到国外。　□　□
理由：
_____

五、根据文章的内容，从右边选出最合适的结尾来完成左边的短句。（7分）

19. 中医将人体内部的气血流通视为 ☐

20. 中医根据病人各自身体的情况 ☐

21. 针灸就是通过刺激穴位 ☐

22. 针灸疗法千百年来为中国人的健康 ☐

23. 在未来，针灸这一伟大的医学学科 ☐

24. 人体经络线上特殊的点 ☐

25. 针灸疗法 ☐

A. 被称作穴位。

B. 做出了卓越的贡献。

C. 在相应的穴位进行针灸治疗。

D. 纵横交错的网络。

E. 使经脉运行畅通。

F. 是中国特有的、古老而神奇的医术。

G. 称之为经络。

H. 所以针灸治疗很复杂。

I. 还有更大的潜力值得我们发掘。

J. 最早见于《黄帝内经》。

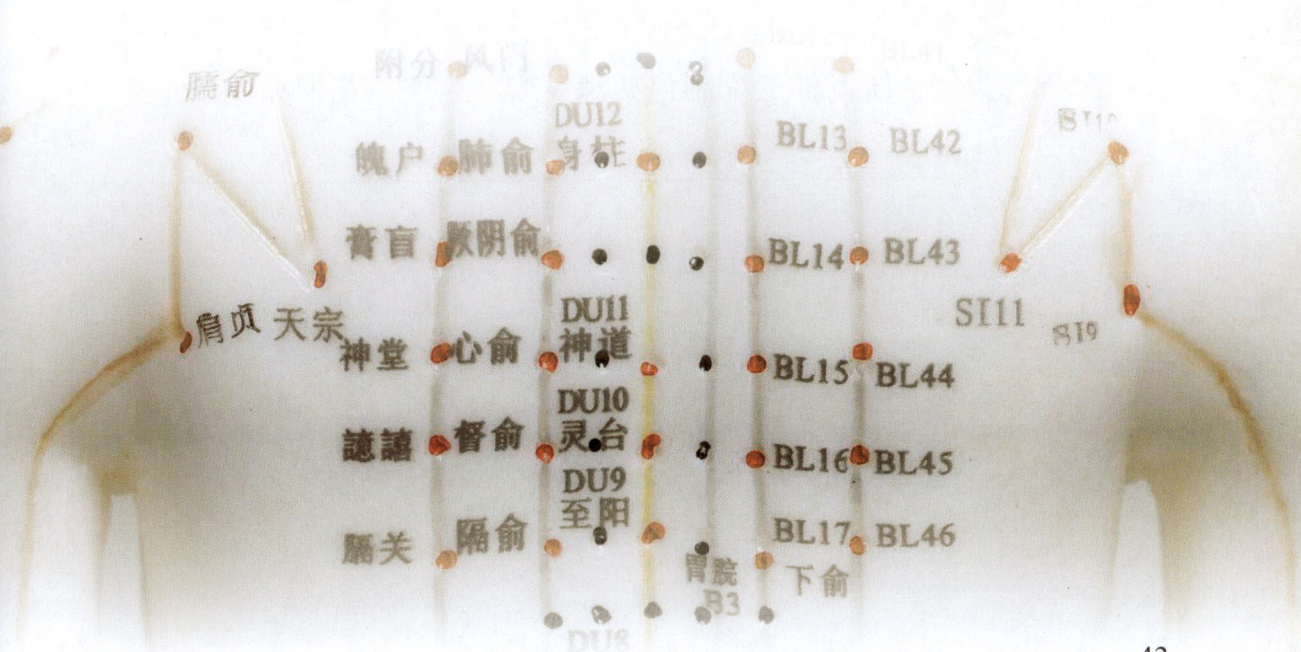

 听力练习

一、根据录音内容，回答下面的问题。（5分）

1. 火锅的历史有多久？
   _____

2. 清宫御膳食谱上有"野味火锅"，用料有什么野味？
   _____

3. 北京老铜锅以涮什么为主？
   _____

4. 北京火锅多用什么锅底？
   _____

5. 毛肚火锅传统汤汁的配制包括辣豆瓣、豆豉、花椒和什么？
   _____

二、根据录音内容，选择正确答案。（5分）

6. 火锅古称_____。

A. 古老肉   B. 锅包肉

C. 羊羹   D. 古董羹

7. 鸳鸯锅一半为清汤，另一半为＿＿＿＿。

  A. 酸汤   B. 辣汤

  C. 甜汤   D. 清汤

8. 铜制的火锅是在什么时候出现的？

  A. 三国   B. 北宋

  C. 清朝   D. 民国

9. 晚清宫廷盛行＿＿＿＿火锅。

  A. 百合花   B. 兰花

  C. 菊花   D. 桃花

10. 说起火锅，人们自然就会想起最为著名的北京老铜锅和＿＿＿＿。

  A. 云南的滇味火锅   B. 重庆的麻辣火锅

  C. 浙江的八生火锅   D. 山东的羊汤火锅

三、根据录音内容，判断下列说法的对错。（5分）

11. 北宋时期，有些酒馆在冬天出现火锅涮肉吸引食客。

12. 清朝时，火锅涮肉只有皇家宫廷才能吃。

13. 北京老铜锅的配菜主要是北京大白菜和冻豆腐。

14. 重庆火锅以涮牛羊肉为主。

15. 正宗的毛肚火锅以厚味重油著称。

火锅：烧开汤来涮美食

对中国人来说，吃是民生之本，更是一种文化。火锅作为当今最受欢迎的美食之一，已在中国这片广袤的大地上流传了上千年。

火锅，古称"古董羹"，因食物投入沸水时发出的"咕咚"声而得名，是中国独有的美食之一。将锅置于火上，汤烧开后用来涮煮食物。锅里的汤可清汤可鲜辣，也可以一锅两味，一半为清汤，一半为辣汤，也就是"鸳鸯锅"。经过涮煮的食物蘸上特制的各式小料，油而不腻，老少皆宜。人们围坐在火锅周围边涮边吃边聊天，再配上冰凉的啤酒，其乐融融。

据史书记载，三国时代已有铜制的火锅出现，但当时并不流行。到了北宋时期，汴京开封的酒馆在冬天开始出现火锅涮肉吸引食客。到了清朝，火锅涮肉已经不仅仅是民间美食，更成为皇家宫廷的冬令佳肴。清宫御膳食谱上有"野味火锅"，用料包括山鸡等野味。晚清宫廷盛行菊花火锅，涮肉的鲜美遇上菊花的清香，更是分外可口。

千里不同风，百里不同俗。火锅也因地域的不同而变得丰富多样，千锅百味。现在，说起火锅，人们自然就会想起最

为著名的北京老铜锅和重庆火锅。

北京老铜锅历史悠久,最为传统,以涮牛羊肉为主,配以北京大白菜和冻豆腐,荤素搭配,是北京人冬天至爱的美食。北京火锅多用清汤锅底,汤里适量加入大葱、香菇,以增强牛羊肉的鲜美。人们通常会将涮好的肉蘸以芝麻酱、豆腐乳、韭菜花等调制而成的酱汁来吃。鲜嫩的肉裹上浓香的酱,让人回味无穷。

重庆火锅重麻辣,多以涮毛肚、鸭肠为主。正宗的毛肚火锅以厚味重油著称,传统汤汁的配制包括郫县的辣豆瓣、永川的豆豉、甘孜的牛油、汉源的花椒等。重庆火锅香麻鲜辣,酣畅淋漓,让多少吃货流连忘返。

此外,云南的滇味火锅、浙江的八生火锅、山东的羊汤火锅等,也都各具独特的风味。

火锅不仅美味,还蕴含着人与人之间的挚热情谊。亲朋好友,宾客同伴,围坐一锅,热气腾腾,边煮边涮,边吃边聊,也是一种人生的乐趣。

阅读

1. B 2. C 3. D 4. B 5. C
6. 病变 7. 灵活 8. 畅通 9. 潜力 10. 发掘
11. 中医将人体内部的气血流通视为纵横交错的网络，称之为"经络"。
12. 经络线上特殊的点就叫"穴位"。
13. 目前，已有120多个国家和地区应用针灸术为本国人民治病。
14. 对。在治疗时，中医先用独特的方法诊断出病因，确定病变属于哪一个经络。
15. 错。针灸治疗很复杂，从穴位选择到行针手法运用非常灵活，要求非常严格。
16. 错。对病人使用的穴位有多有少，少则只扎一个穴位，多则要扎数十个穴位。
17. 错。针灸术是继中餐后又一个传遍西方的中国文化精粹。
18. 错。早在公元6世纪，中国的针灸术便开始传播到国外。
19. D 20. C 21. E 22. B 23. I 24. A 25. F

听力

1. 上千年 2. 山鸡 3. 牛羊肉 4. 清汤 5. 牛油
6. D 7. B 8. A 9. C 10. B
11. 对 12. 错 13. 对 14. 错 15. 对

抖空竹：老少皆宜的古老运动

抖空竹：老少皆宜的古老运动

空竹属于中国传统民间玩具，以竹或木制成，因轮内空心且有竹笛，故名"空竹"。

据考证，空竹最早是由汉族民间游戏用具"陀螺"演变而来的。典型的空竹有单轮和双轮之分，双轮的空竹形如腰鼓，两头为两只扁平状的圆轮，轮内空心，轮上挖有四五个小孔，孔内放置竹笛，两轮间有轴相连；单轮的空竹则形如陀螺，一侧有轮。

作为一种中国古老的技艺，抖空竹有着悠久的历史和传统。明代《帝京景物略》一书就记载了空竹的玩法和制作方法，可见抖空竹在民间流行的历史至少在600年以上。空竹最早为宫廷玩具，在古代，年轻女子玩儿空竹被视为高雅之举。后来，抖空竹从宫廷流传至民间，成为民间老少皆宜的游戏。

抖空竹原是庭院游戏，后经加工提高，有了竞技性质，并成为传统的杂技项目。它更是中国独有的民族体育运动之一。在中国北方，每月逢庙会开市，特别是春节前后，表演抖空竹和出售空竹是庙会的一大特色和重要内容。

抖空竹集娱乐性、游戏性、健身性、竞技性和表演

性于一身，花样技法超过100多种，包括双人、多人等许多集体花样。玩儿的人双手各拿两根两尺长的小竹棍，顶端都系一根长约五尺的棉线绳，绕线轴一圈或两圈，一手提一手送，不断抖动。加速旋转时，轮内的竹笛会发出响声，抖得越快，响声越大。

由于抖空竹的健身性和表演性，也由于抖空竹是中国的传统体育项目，能充分弘扬中国的传统文化和民族精神，因此抖空竹成为了2008年北京奥运会的表演项目。

随着人们文化品位的提升和强身健体的需求，抖空竹爱好者也日益增多，很多学校、社区定期举办抖空竹比赛。抖空竹作为一项古老的体育活动再次进入了人们的视野。2006年5月20日，抖空竹经中国政府批准，列入第一批国家非物质文化遗产名录。

阅读练习

一、根据文章的内容，从下面各题的四个选项中选出正确答案。（5分）

1. 空竹是由什么玩具演变而来的？ ☐

 A. 腰鼓   B. 陀螺   C. 爆竹   D. 竹笛

2. 明代的哪本书记载了空竹的玩法和制作方法？ ☐

 A.《北京景物略》   B.《东京景物略》

 C.《帝京景物略》   D.《帝都景物略》

3. 抖空竹在民间流行的历史至少在_____年以上。 ☐

 A. 600   B. 800   C. 1000   D. 2000

4. 抖空竹包括以下哪一种特性？ ☐

 A. 学习性   B. 竞技性

 C. 治疗性   D. 传承性

5. 抖空竹能成为2008年北京奥运会的表演项目，下面哪一项不是文中说的原因？ ☐

 A. 抖空竹是中国的传统体育项目

 B. 抖空竹的健身性和表演性

 C. 人们文化品味的提升和强身健体的需求

 D. 抖空竹能充分弘扬中国的传统文化和民族精神

二、从文章中找出与下面各项意思最接近的词语。（5分）

6.【第三段】高尚，不粗俗　　　_____

7.【第四段】卖　　　_____

8.【第六段】发扬光大　　　_____

9.【第七段】品质，水平　　　_____

10.【第七段】眼界　　　_____

三、根据文章第二段，回答下面的问题。（2分）

11. 空竹是用什么材料制成的？
_____

12. 双轮的空竹像什么？
_____

四、根据文章内容，判断下列说法是对还是错，并用文中内容说明理由。（5分）

	对	错
13. 双轮空竹两头的轮是实心的。 理由：_____	☐	☐

	对	错

14. 空竹最早是民间玩具。 ☐ ☐

理由：_____

15. 在古代，年轻女子玩儿空竹被视为放荡。 ☐ ☐

理由：_____

16. 抖空竹是中国独有的民族体育运动之一。 ☐ ☐

理由：_____

17. 空竹抖得越快，响声越小。 ☐ ☐

理由：_____

五、根据文章的内容，从右边选出最合适的结尾来完成左边的短句。（3分）

18. 空竹从宫廷流传至民间，☐   A. 包括双人、多人等许多集体花样。

19. 作为一项古老的体育活动，___

20. 抖空竹的花样技法超过100多种，___

B. 抖空竹再次进入了人们的视野。
C. 成为民间老少皆宜的游戏。
D. 轮上挖有四五个小孔，孔内放置竹笛。
E. 故名"空竹"。
F. 抖空竹爱好者也日益增多。
G. 由汉族民间游戏用具"陀螺"演变而来的。
H. 有着悠久的历史和传统。

一、根据录音内容，回答下面的问题。（5分）

1. 鼓浪屿是什么时候被称为"鼓浪屿"的？
   _____

2. 鼓浪屿是什么时候被列入世界遗产名录的？
   _____

3. 鼓浪屿是中国第几项世界遗产项目？
   _____

4. 一共有多少个国家在鼓浪屿设立了领事馆？
   _____

5. 到了20世纪，什么人纷纷回到鼓浪屿创业？
   _____

二、根据录音内容，选择正确答案。（5分）

6. 鼓浪屿的总面积是多大？　　　　　　　　　　　　　　□

   A. 0.9平方公里　　　　　　　　　　B. 1.9平方公里

   C. 2.9平方公里　　　　　　　　　　D. 3.9平方公里

7. 在鸦片战争以前，鼓浪屿岛上的经济大多是什么样的？ ☐

    A. 农业为主   B. 渔业为主

    C. 半农半渔   D. 半农半牧

8. 鼓浪屿的第一架钢琴是什么时候出现的？ ☐

    A. 1844 年   B. 1893 年

    C. 1913 年   D. 1944 年

9. 岛上所存19世纪末至20世纪初建造的各式建筑共____余座。 ☐

    A. 1000   B. 1500

    C. 2000   D. 2500

10. 以下哪一项不是鼓浪屿的别称？ ☐

    A. 海上花园   B. 鹭岛

    C. 钢琴之岛   D. 万国建筑的汇集地

三、根据录音内容，判断下列说法是否正确。（5分）

11. 鼓浪屿原名白鹭洲。 ☐

12. 鼓浪屿是厦门第二大岛屿。 ☐

13. 英、美、法等国先后在鼓浪屿兴建教堂、开办学校。 ☐

14. 中国第一所幼儿园建在鼓浪屿。 ☐

15. 外来文化与本土文化的碰撞只能带来征服和消亡。 ☐

鼓浪屿：中西文化的交融地

鼓浪屿原名"圆沙洲"，明朝改称"鼓浪屿"，因涨潮水涌，浪击礁石，声似擂鼓而得名。鼓浪屿的总面积约为1.9平方公里，是厦门最大的一个岛屿。鼓浪屿岛上气候宜人，素有"海上花园"之称。2017年7月8日，鼓浪屿作为国际历史社区被列入世界遗产名录，成为中国第52项世界遗产项目。

鸦片战争以前，鼓浪屿岛上多为半渔半农经济，房屋也多是简陋的民房。鸦片战争后，厦门被迫对外开放，成为中国的通商口岸。由于鼓浪屿自然条件优越，适于居住，所以很多西方人首选鼓浪屿为办公地和居住地。从1844年开始，先后有13个国家在鼓浪屿设立了领事馆，英、美、法等国也先后在此兴建教堂，开办学校、医院及银行等。因此，在鼓浪屿随处可见具有浓厚异域风情的西式建筑。

到了20世纪，大量华侨纷纷回到鼓浪屿创业，兴建了大量中西合璧风格的私家宅院，与之并进的鼓浪屿社区公共设施建设也在更快地推进完善，其中包括中国第一所幼儿园和中国第一座现代化足球场，以及自来水厂和码

头等公共事业。鼓浪屿逐渐发展成为中国第一个现代意义上的国际社区。

除了"海上花园"之称外，鼓浪屿还被称为"钢琴之岛"。1913年西方人为鼓浪屿带来了第一架钢琴，从此，鼓浪屿人通过音乐认识了世界。直到今天，钢琴声依然浸润着鼓浪屿人的生活。

如今的鼓浪屿以其秀丽的风光成为著名的旅游胜地，同时深厚的文化底蕴和历史人文价值也保存至今。岛上所存19世纪末至20世纪初建造的各式建筑共1000余座，因而鼓浪屿又被誉为"万国建筑的汇集地"。这些建筑完整地记录了鼓浪屿近百年的发展历程和鲜明的风格转变。

鼓浪屿中西多元文化融合的历程告诉我们，在时代变革中，外来文化与本土文化的碰撞并不只是征服和消亡。文化融合所带来的多元文化是闽南移民文化开放性、民族性和包容性的最佳见证。鼓浪屿历史国际社区正是这样一个人类共享遗产。

练习答案

阅读

1. B 2. C 3. A 4. B 5. C
6. 高雅 7. 出售 8 弘扬 9. 品位 10. 视野
11. 竹或木
12. 腰鼓
13. 错。双轮的空竹形如腰鼓,以竹或木制成,两头为两只扁平状的圆轮,轮内空心。
14. 错。空竹最早为宫廷玩具。
15. 错。在古代,年轻女子玩儿空竹被视为高雅之举。
16. 对。它更是中国独有的民族体育运动之一。
17. 错。加速旋转时,轮内的竹笛会发出响声,抖得越快,响声越大。
18. C 19. B 20. A

听力

1. 明朝 2. 2017年7月8日 3. 52 4. 13 5. 华侨
6. B 7. C 8. C 9. A 10. B
11. 错 12. 错 13. 对 14. 对 15. 错

故宫的建筑智慧

故宫的建筑智慧

受厄尔尼诺现象影响,2016年夏天,中国多个省份连遭暴雨:中部城市河南新乡、东部城市江苏南京等多地出现严重水涝;另一中部城市武汉创下近130年周降雨量的最高纪录;7月,中国首都北京甚至发布了历史上首个洪水预警。然而令人称奇的是,位于北京市心脏地带的、如今已600岁"高龄"的皇家宫殿——故宫却安然无恙,宫内地面几乎不见积水。

故宫始建于明朝,占地约72万平方米,有大小宫殿70余座,房屋近万间,是世界上现存规模最大的木质结构古建筑之一。这样庞大而古老的建筑群却有如此强大的排水能力,背后有何玄机?

从地形上看,整个故宫地面并不是水平的,而是北高南低,北门比南门的地表水平足足高出1.77米,使雨水自然地由北向南流出。

雄伟的大殿配有8米高的台基,在台基的汉白玉栏杆上遍布石制的"龙头",这是神话中"龙生九子"之一的"螭"。传说中的螭嘴大无角、肚能容水。太和殿共有1142个螭首,雨水流入排水孔,再从螭首喷出,形成"千龙吐水"的壮观景象。

故宫地面上还有无数形似中国古钱币的镂空石砖,被俗称为"钱眼",这其实是雨水进入地下暗沟的入口。这些暗沟在紫禁城的地下纵横交错,最终把雨水全部导入城外的护城河。

正是这些精妙的设计让故宫

历经千次暴雨都未曾积水，体现了古人的智慧。然而，话说回来，这样的昂贵享受毕竟专属于帝王，当时的老百姓实际上常受水灾之患。

当今世界无论城市多么发达，积水问题也仍会出现。此次暴雨来袭，政府及时处理险情，甚至与导航软件合作，让市民在手机地图里就能查到积水地区的信息及车辆的绕行路线。

雨果在《悲惨世界》中曾写道，下水道是"城市的良心"。希望北京除了继承令人骄傲的文明遗产，同样能够通过努力让当代百姓再无忧于水患。

阅读练习

一、根据文章的内容，从下面各题的四个选项中选出正确答案。
（5分）

1. 厄尔尼诺现象会导致_____。

   A. 地震   B. 暴雨

   C. 火灾   D. 积水

2. 2016年7月，北京市发布了第一个_____。

   A. 干旱预警   B. 雷暴预警

   C. 洪水预警   D. 台风预警

3. 2016年夏天，故宫_____。

   A. 严重积水   B. 有很多积水

   C. 只有少量积水   D. 完全没有积水

4. 故宫有_____座宫殿。

   A. 72   B. 70多

   C. 600   D. 10000

5. 故宫是_____现存规模最大的木质结构古建筑之一。

   A. 中国   B. 北京

   C. 亚洲   D. 全球

二、从文章中找出与下面各项意思最接近的词语。（5分）

6.【第一段】没有受到损害　　　　　　　　　＿＿＿＿＿＿＿＿

7.【第二段】深奥玄妙的道理　　　　　　　　＿＿＿＿＿＿＿＿

8.【第五段】相互交叉、错综复杂　　　　　　＿＿＿＿＿＿＿＿

9.【第六段】聪明才智　　　　　　　　　　　＿＿＿＿＿＿＿＿

10.【第七段】马上，立刻　　　　　　　　　　＿＿＿＿＿＿＿＿

三、根据文章第四段和第五段，回答下面的问题。（4分）

11. 故宫大殿前汉白玉栏杆上的龙头是属于哪一种动物的？
＿＿＿＿＿＿＿＿＿＿＿＿＿＿＿＿＿＿＿＿＿＿＿＿＿＿＿＿＿＿

12. 故宫的太和殿一共有多少个"龙头"？
＿＿＿＿＿＿＿＿＿＿＿＿＿＿＿＿＿＿＿＿＿＿＿＿＿＿＿＿＿＿

13. "钱眼"的作用是什么？
＿＿＿＿＿＿＿＿＿＿＿＿＿＿＿＿＿＿＿＿＿＿＿＿＿＿＿＿＿＿

14. 故宫地面的雨水最终都流去了哪里？
＿＿＿＿＿＿＿＿＿＿＿＿＿＿＿＿＿＿＿＿＿＿＿＿＿＿＿＿＿＿

四、根据文章内容，判断下列说法是对还是错，并用文中内容说明理由。（5分）

对　　错

15. 厄尔尼诺现象令中国中部城市南京出现水涝。　　□　　□

　　理由：_____

16. 故宫是在明代开始修建的。　　□　　□

　　理由：_____

17. 故宫的排水系统非常完善。　　□　　□

　　理由：_____

18. 故宫建筑群的地表水平面非常平。　　□　　□

　　理由：_____

19. 以前的北京经常发生水灾，老百姓受到很大影响。　　□　　□

　　理由：_____

五、根据文章的内容，从右边选出最合适的结尾来完成左边的短句。（4分）

20. 雨水从"龙头"喷出，☐　　A. 积水问题也仍会出现。

B. 形成"千龙吐水"的壮观景象。

21. 这些暗沟在紫禁城的地下 ☐

C. 出现严重水涝。

D. 查到积水地区的信息。

22. 当今世界无论城市多么发达，☐

E. 及时处理险情。

F. 纵横交错。

23. 市民可以在手机地图里 ☐　　G. 与导航软件合作。

六、根据文章的内容，把下面的段落和正确的段落大意搭配起来。（2分）

24. 第四段　☐　　A. 当今世界无论城市多么发达，积水问题也仍会出现

B. 故宫台基上石制的"龙头"有排水功能

25. 第五段　☐

C. 整个故宫地面是水平的

D. 故宫是世界上现存规模最大的木质结构古建筑之一

E. 故宫地下的暗沟把雨水全部导入城外的护城河

一、根据录音内容,回答下面的问题。(5分)

1. 北京有史以来冬天最冷的气温有摄氏多少度?

   _____

2. 故宫有多久的历史?

   _____

3. 故宫里有一套什么样特殊的取暖系统?

   _____

4. 炭火取暖的坏处是什么?

   _____

5. 曾在故宫里取暖用的随身小物件包括哪两种?

   _____

二、根据录音内容,选择正确答案。(5分)

6. 下雪后的故宫什么最吸引人? ☐

   A. 白雪红墙   B. 取暖设备

   C. 考古研究   D. 套间暖阁

7. 养心殿的东暖阁是_____。

   A. 寒冬取暖的地方　　　　　　　　B. 工人烧火取暖的地方

   C. 皇帝在新年举行开笔仪式的地方　D. "供暖"事务机构所在地

8. 手炉分为_____。

   A. 漆器和铜器两种　　　　　　　　B. 铜器和珐琅两种

   C. 内胆和外壳两层　　　　　　　　D. 漆器和珐琅两种

9. 手炉暖而不烫是因为_____。

   A. 无烟无味　　　　　　　　　　　B. 热气通过内外两层的空气传导

   C. 内胆是铜制的　　　　　　　　　D. 烧炭

10. 故宫的一砖一瓦是_____。

    A. 保暖举措　　　　　　　　　　　B. 600多年的风雨

    C. 古人智慧的结晶　　　　　　　　D. 温暖过冬

三、根据录音内容，判断下列说法是否正确。（5分）

11. 冬天下雪后人们喜欢去故宫拍照。

12. 故宫里取暖用的烟道位于室内的墙边。

13. 故宫冬季供暖是由专人负责的。

14. 近年，故宫的养心殿曾进行过大规模的修缮。

15. 只有皇帝才可以住在故宫里。

故宫冬天怎么取暖?

每年冬天,总有一些人不顾寒冷,拿着照相机拍摄下雪后故宫白雪红墙的美景。据史料分析,明清时中国经历过一段极寒气候,最冷的时候,北京的气温只有摄氏零下二三十度。那么,故宫这座有着600多年历史的宫殿,是如何温暖地度过一个又一个寒冬的呢?

今天我们游览故宫的时候会发现,在一些殿堂中都设有套间暖阁。养心殿的东暖阁是历代皇帝在新年举行开笔仪式的地方。之所以叫暖阁,是因为即使在寒冷的冬天,那里都会非常温暖。考古专家们发现,故宫里有一套完整的取暖系统——火地取暖。人们在室内地面之下事先用砖石砌好循环的烟道,然后在室外的地坑口内烧火,用烧炭所产生的热气来烘暖地面,热气从下往上,沿着烟道传到各个房间,令室内温度上升,达到保暖的目的。

据考古研究考证,这种火地取暖的技术在中国已有超过千年的历史。至明清两代,其材料、方式、制度都已非常完善,并设有专门负责冬季"供暖"事务的机构。2018年,故宫博物院养心殿进行大修，人们挖开殿内的地砖，一套完整又复杂的"地暖"系统首次展现在世人面前，令人惊叹。

除了"地暖"，室内还有炭盆。将点燃的木炭放入盆中，盆上加镂空花纹的罩，既美观又便于热量发散。当然，炭盆最大的问题在于炭火处理不当可能会导致中毒或者火灾。因此，皇宫里的佣人在使用炭盆时都是万分小心，并有专人负责。

取暖用的随身小物件也是必不可少的，比如手炉和脚炉。手炉分外壳和内胆两层，外壳多用漆器、铜器、珐琅等材质制作和装饰，造型多变，花纹考究。内胆为铜制，可以用来烧碳。内外两层的空气传导使手炉暖而不烫。这种无烟无味的手炉、脚炉是专供宫廷使用的。

有了这些保暖举措，居住在宫中的皇帝和公主等贵人们就可以温暖过冬了。故宫历经600多年的风风雨雨，一砖一瓦都是古人智慧的结晶，值得后人继续探究和挖掘。

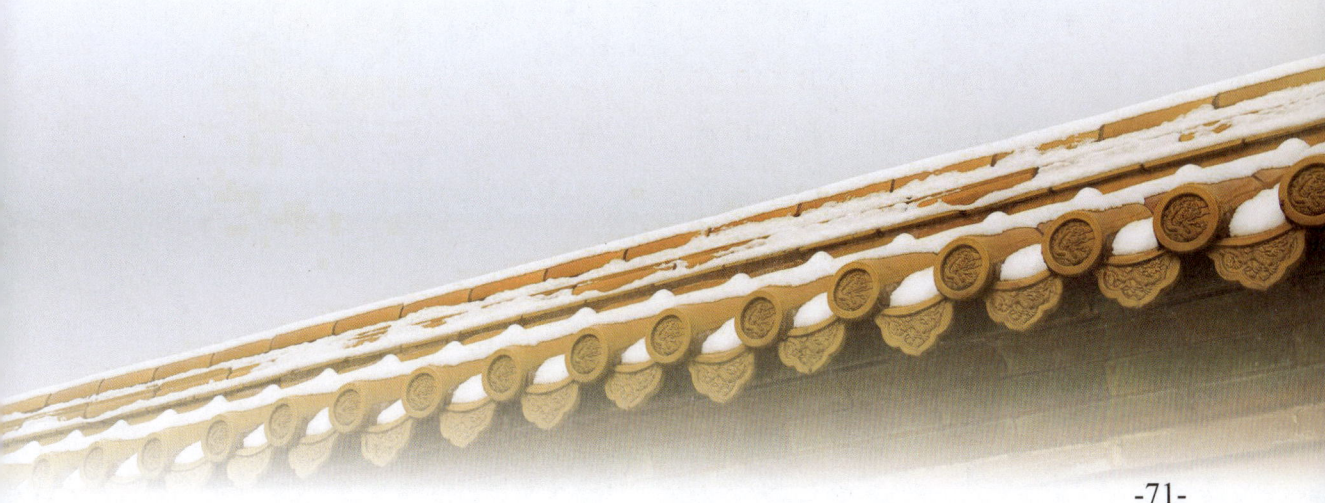

练习答案

阅读

1. B 2. C 3. C 4. B 5. D
6. 安然无恙 7. 玄机 8. 纵横交错 9. 智慧 10. 应急能力
11. 螭 12. 1142（个） 13. 排水 14. 城外的护城河
15. 错。东部城市江苏南京
16. 对。故宫始建于明朝
17. 对。（有如此）强大的排水能力
18. 错。整个故宫地面并不是水平的
19. 对。当时的老百姓实际上常受水灾之患
20. B 21. F 22. A 23. D
24. B 25. E

听力

1. 零下二三十度
2. 600多年
3. 火地取暖
4. 可能会导致中毒或者火灾
5. 手炉和脚炉
6. A 7. C 8. C 9. B 10. C
11. 对 12. 错 13. 对 14. 对 15. 错

大运河书写水上文明史

阅读文本

大运河书写水上文明史

在中国的华北大平原有一条蜿蜒千里的大运河。它的修建开通改变了中国古代的经济发展和社会变革，见证了无数个时代的更迭。这是流淌了千年的水上文明，是一部书写在华夏大地上的宏伟诗篇。

大运河由京杭大运河、隋唐大运河、浙东运河共同构成，跨越北京市、天津市、河北省、山东省、河南省、安徽省、江苏省、浙江省八个省市，连通海河、黄河、淮河、长江和钱塘江五大水系，全长近3200公里。

大运河的修建始于春秋时期，完成于隋代，繁荣于唐宋。大运河的开通，实际上打通了南北交通的大动脉，令贸易往来日益增多，文化、思想、观念、艺术等精神领域的交流亦不断延伸扩展。北方大漠孤烟的豪爽与南方小桥流水的柔和在运河之上相互交融，彼此影响。2500年的岁月中，大运河的宽阔与包容连通了南方与北方，也串起了繁荣与生机，成就了沿岸一个又一个富足的城市。

大运河深深地影响了老百姓的日常生活。源源不绝的运河水滋养了

运河两岸的人们，灌溉农田，水运便利。运河边的码头、城镇、集市、商铺、手工作坊逐渐兴起，沿岸的盐业、茶业、丝织业等蓬勃发展。运河之上船舶往来，商贾云集，熙熙攘攘，好一派繁荣热闹的景象。正是这运河中灵动

的水衍生出了南北两岸丰富的地域文化、水利文化、船舶文化、商事文化，以及丰富的民间艺术、精湛的手工技艺、深厚的传统习俗，千年来散发着勃勃生机。

　　大运河记录了中国历史文化写不尽的壮美和辉煌，见证了中华文明的源远流长和中华民族的勤劳智慧。中国人民始终怀着敬畏历史之心，在新时代继续延续壮美运河的千年神韵，让运河文化之水、生态之水长流不止，生生不息。

阅读练习

一、根据文章的内容，填写完成下面的表格。（5分）

大运河分为三段	1._____	隋唐大运河	2._____
大运河流经两个市	北京市	3._____	
大运河连通了三条河	4._____	5._____	淮河

二、从文章中找出与下面各项意思最接近的词语。（5分）

6.【第一段】弯弯曲曲地延伸的样子　_____

7.【第三段】互相　_____

8.【第三段】生命力，活力　_____

9.【第四段】做生意的人　_____

10.【第四段】产生出来，发展出来　_____

三、根据文章第三段和第四段，回答下面的问题。（4分）

11. 第三段中的哪句话说明了大运河的重要性？
_____

12. 大运河开通后，两岸地区有了什么变化？
_____

13. 大运河的开通和老百姓有什么关系？
_____

14. 大运河的开通带动了哪些行业的发展？请举出两个例子。
_____

四、根据文章内容，判断下列说法是对还是错，并用文中内容说明理由。（5分）

	对	错
15. 大运河是中国近代历史上的一个重要工程。 理由：_____	☐	☐
16. 大运河的开通给商人们创造了贸易往来的机会。 理由：_____	☐	☐

　　　　　　　　　　　　　　　　　　　　　　　　　对　　错

17. 中国的北方有着小桥流水的柔和景象。　　　　□　　□

　　理由：
　　　_____

18. 人们把大运河的水用来进行农业生产。　　　　□　　□

　　理由：
　　　_____

19. 大运河的修建反映出了中华民族的勤劳智慧。　□　　□

　　理由：
　　　_____

五、根据文章的内容，从右边选出最合适的结尾来完成左边的短句。（4分）

20. 大运河是一部书写在华夏大地上的 □	A. 日益增多。
21. 大运河的开通令贸易往来 □	B. 中国历史文化的壮美和辉煌。
22. 大运河记录了 □	C. 宏伟诗篇。
23. 大运河的修建衍生出了南北两岸 □	D. 文化之水。
	E. 敬畏历史之心。
	F. 串起了繁荣与生机。
	G. 丰富的地域文化。

六、根据文章的内容，把下面的段落和正确的段落大意搭配起来。（2分）

24. 第二段　☐　　　A. 大运河深深地影响了老百姓的日常生活

25. 第四段　☐　　　B. 大运河联通了南方和北方，令贸易往来日益增多

　　　　　　　　　　C. 大运河跨越八个省市，联通五大水系

　　　　　　　　　　D. 大运河记录了中国的壮美和辉煌

　　　　　　　　　　E. 大运河是一部书写在华夏大地上的宏伟诗篇

听力练习

一、根据录音内容,回答下面的问题。(5分)

1. 苏东坡的故乡在哪里?

   _____

2. 达·芬奇的成就主要在哪个方面?

   _____

3. 在《日喻》中,苏东坡用了一个什么故事告诉人们不可以以耳代目的道理?

   _____

4. 请写出一个以苏东坡命名的食物名称。

   _____

5. 苏东坡的老乡彭祖以什么著名?

   _____

二、根据录音内容,选择正确答案。(5分)

6. 苏东坡是一位_____。　　　　　　　　　　　　　　□

   A. 画家　　　　　　　　　　B. 教授

   C. 音乐家　　　　　　　　　D. 医生

7. 2000年，法国《世界报》共评出了_____。

　　A. 1位千年英雄：达·芬奇

　　B. 1位千年英雄：苏东坡

　　C. 2位千年英雄：达·芬奇和苏东坡

　　D. 12位千年英雄，包括达·芬奇和苏东坡

8. 彭祖善长_____。

　　A. 种菜　　　　　　　　　B. 食疗

　　C. 采药　　　　　　　　　D. 治病

9. 眉山位于_____。

　　A. 中国的东部　　　　　　B. 中国的南部

　　C. 中国的西部　　　　　　D. 中国的北部

10. 到目前为止，眉山已经和多少个国家和地区建立了经贸关系？

　　A. 不到70　　　　　　　　B. 70整

　　C. 比70多　　　　　　　　D. 没说

三、根据录音内容，判断下列说法是否正确。（5分）

11. 苏东坡不仅会写诗也会写书法。

12. 苏东坡的成就只对中国有影响。

13. 苏东坡家乡的另一位名人彭祖是在80多岁时去世的。

14. 眉山现在正在成为受欢迎的健康养生之地。

15. 眉山将在不久的将来首次举办国际博览会。

走进东坡故乡——眉山

因为一个人,记住一座城。苏东坡与他的故乡眉山正是如此。

苏东坡是诗人、作家、画家、书法家。他不仅是中国的文豪,更是享誉世界的偶像。

2000年,法国《世界报》曾评出12位千年英雄,苏东坡是中国唯一代表。《世界报》记者皮埃尔说:"为什么不能把达·芬奇和苏东坡相提并论?达·芬奇在艺术上成就非凡,而苏东坡不仅是艺术大师,同时在文学等方面也有过人之处。"

苏东坡也写过很多说理性很强的议论文。其中一篇叫《日喻》的文章,以盲人问日的故事来说明只有通过亲自观察才能获得完整知识的道理。

苏东坡的很多成就和故事也孕育和催生出延续千年的东坡文化。聪明的眉山人当然不会仅仅满足于领略千古文豪的文词风采,更将东坡文化的精髓外化成生活的一点一滴,东坡味道也就应运而生,比如:东坡肘子,色泽鲜亮、肥而不腻;东坡泡菜,质地脆嫩、咸淡适中;东坡春橘,果香四溢、甘甜可口……

除苏东坡外,眉山还是传说里中国最长寿老人彭祖的故乡。相传彭祖善长食疗,所以寿元悠长。

传奇故事加上优良的空气、先进的硬件、丰富的旅游资源……

眉山也逐渐成为人们青睐的疗养圣地。

作为国家级新区——天府新区的重要组成部分，眉山地区位置优越，是中国西部极具活力和商机的开放高地。到目前为止，眉山已与70多个国家和地区建立经贸关系。中法农业科技园、中日国际康养城、川港合作示范园等国际项目已成功落地眉山地区。"历史村镇的未来"会议、中国竹文化节、中国泡菜食品国际博览会等重大活动也已在眉山地区成功举办。

因为东坡，我们走进活力无限的眉山。它不仅是文化的，也是生态的。如今的眉山，正以全方位和综合发展的开放姿态欢迎世界各地的朋友前来参观。

练习答案

阅读

1. 京杭大运河　2. 浙东运河　3. 天津市　4. 海河　5. 黄河
6. 蜿蜒　7. 彼此　8. 生机　9. 商贾　10. 衍生
11. 大运河的开通，实际上打通了南北交通的大动脉
12. 成就了沿岸一个又一个富足的城市
13. 大运河深深地影响了老百姓的日常生活
14. 盐业、茶业、丝织业（任意两个）
15. 错。它的修建开通改变了中国古代的经济发展和社会变革
16. 对。令贸易往来日益增多
17. 错。南方小桥流水的柔和
18. 对。灌溉农田
19. 对。见证了中华民族的勤劳智慧
20. C　21. A　22. B　23. G
24. C　25. A

听力

1. 眉山
2. 艺术
3. 盲人问日
4. 东坡肘子／东坡泡菜／东坡春橘（任意一个）
5. 长寿
6. A　7. D　8. B　9. C　10. C
11. 对　12. 错　13. 错　14. 对　15. 错

名花牡丹的文化魅力

名花牡丹的文化魅力

牡丹是原产于中国的名贵花卉，有数千年的自然生长史和1500多年的人工栽培历史。其花朵大而明艳，香气浓烈，观之颇有华贵之气，是中国文化中富贵吉祥的象征。牡丹历来为中国人所喜爱，更在悠久的中国文化中留下了浓墨重彩的印记。

以花喻人是中国文化的一个特有传统，如：以梅花比喻坚韧不拔的人格；以莲花比喻品格高洁的君子；以菊花比喻淡泊名利的隐士。在很多的花卉之中，牡丹显得尤为特殊，因为它有国色天香之称，意指牡丹花色之明艳冠绝一国，而其香气则是天上才有、人间绝无的芬芳。这大概是人们能够想象得到的对花卉最高规格的赞誉了。牡丹花自古以来常被用来形容人间最美的女子。

牡丹最早见于3000多年前的《诗经》，被用作男女定情的信物。秦汉时期成书的医书《神农本草经》将牡丹列为一味药材。到了隋唐时期，牡丹渐渐成为人们喜爱的观赏花卉，无论是身居庙堂的帝王将相还是市井的贩夫走卒都对牡丹花青睐有加，从宫廷到民间，种植观赏牡丹蔚然成风。

牡丹的风姿也晕染了无数文人墨客的笔尖：李白用牡丹赞美杨贵妃"云想衣裳花想容，春风拂槛露华浓"；刘禹锡写"唯有

牡丹真国色,花开时节动京城"。而传世的中国唐代古画《簪花仕女图》当中仕女头上插有一朵硕大的牡丹,更增其娇媚,更显其华贵。牡丹浓烈的韵味大概是那个繁盛时代的最好注脚。

如今,牡丹仍然是中国人最喜爱的花卉之一。每年的4月底5月初时花开正旺,是观赏牡丹的好时节。

牡丹作为中国名花,它独特的魅力将会向世界人民绽放。

阅读练习

一、根据文章的内容，从下面各题的四个选项中选出正确答案。（5分）

1. 牡丹花是在什么时候开始人工栽培的？ ☐

   A. 数千年前   B. 几千年前

   C. 一千多年前   D. 两千年前

2. 牡丹花在中国文化里象征了什么？ ☐

   A. 富贵吉祥   B. 鲜艳大方

   C. 明艳芬芳   D. 香气浓烈

3. 哪种花用来比喻具有永不放弃的人？ ☐

   A. 牡丹花   B. 梅花

   C. 莲花   D. 菊花

4. 牡丹花有一个什么特别的称号？ ☐

   A. 香气浓烈   B. 华贵逼人

   C. 冠绝一国   D. 国色天香

5. 牡丹花经常被用来比喻哪种人？ ☐

   A. 君子   B. 隐士

   C. 美女   D. 文中没有提及

二、根据文章的内容填空。（5分）

6.【第二段】菊花常常被用来比喻_____的隐士。

7.【第三段】青年男女用牡丹作为_____的信物，表示永不变心。

8.【第三段】种植观赏牡丹从宫廷到民间_____。

9.【第四段】牡丹花_____艳丽，香气扑鼻。

10.【第六段】花牡丹独特的魅力向世界人民_____。

三、根据文章第三段内容，回答下面的问题。（4分）

11. 牡丹最早被用来做什么？
_____

12. 牡丹在秦汉时期被用来做什么？
_____

13. 牡丹在隋唐时期被用来做什么？
_____

14.《簪花仕女图》是哪个朝代的名画？
_____

四、根据文章内容，判断下列说法是对还是错，并用文中内容说明理由。（5分）

对　错

15. 牡丹是来源于中国的名花。　　□　□

　　理由：

　　_____

16. 中国人喜欢用各种花卉来比喻不同的人。　　□　□

　　理由：

　　_____

17. 中国古代，只有在宫廷里才可以种植牡丹。　　□　□

　　理由：

　　_____

18. 诗人刘禹锡用牡丹花赞美杨贵妃。　　□　□

　　理由：

　　_____

19. 每年的五月底是牡丹花盛开的季节。　　□　□

　　理由：

　　_____

五、根据文章的内容，从右边选出最合适的结尾来完成左边的短句。（4分）

20. 牡丹花的花朵看上去颇有 ☐		A. 3000多年前的《诗经》。
21. 牡丹最早见于 ☐		B. 无数文人墨客的笔尖。
22. 牡丹的风姿也晕染了 ☐		C. 华贵之气。
		D. 繁盛时代。
		E. 浓烈的韵味。
23. 仕女头上插上一朵牡丹花显得更加娇媚，☐		F. 好时节。
		G. 更加华贵。

六、根据文章的内容，把下面的段落和正确的段落大意搭配起来。（2分）

24. 第二段 ☐　　A. 每年的4月底5月初是观赏牡丹的好时节

25. 第四段 ☐　　B. 牡丹花自古以来常被用来形容人间最美的女子

C. 无数文人墨客留下了赞美牡丹的诗词和字画

D. 牡丹是中国文化中富贵吉祥的象征，历来为中国人所喜爱

E. 牡丹也是中医的一味药材

听力练习

一、根据录音内容,回答下面的问题。(5分)

1. 良渚古城位于中国的哪个省?

_____

2. 良渚古城又被称为什么?

_____

3. 良渚古城的形状是怎么样的?

_____

4. 良渚古城用什么来作为地理边界?

_____

5. 良渚文化持续发展了多少年?

_____

二、根据录音内容,选择正确答案。(5分)

6. 良渚古城是在哪一年被列入《世界遗产名录》的? □

    A. 2019 年   B. 2017 年

    C. 2000 年   D. 2009 年

7. 良渚古城的总面积____。 ☐

A. 30 万平方米　　　　　　　　　B. 400 个足球场大

C. 不到 290 万平方米　　　　　　D. 290 多万平方米

8. 良渚古城遗址出土器物共有____。 ☐

A. 10000 多件　　　　　　　　　B. 5300 件

C. 4300 件　　　　　　　　　　　D. 7000 件

9. 玉琮的形状为____。 ☐

A. 内方外圆　　　　　　　　　　B. 内圆外方

C. 内外都圆　　　　　　　　　　D. 内外都方

10. 良渚国家考古遗址公园____。 ☐

A. 将在不久后开建　　　　　　　B. 已经计划开建

C. 已经开建　　　　　　　　　　D. 已经完成

三、根据录音内容，判断下列说法是否正确。（5 分）

11. 良渚古城是黄河下游首次发现的新石器时代城址。 ☐

12. 良渚古城的朝向是东西方向。 ☐

13. 良渚古城的贵族住在城市的中心。 ☐

14. 良渚古城的外围水利系统是世界最早的水坝。 ☐

15. 良渚国家考古遗址公园内有虚拟实境 VR 眼镜。 ☐

五千年的见证——良渚古城

良渚古城位于中国浙江省杭州市余杭区瓶窑镇内,是长江下游地区首次发现的新石器时代城址,被誉为"中华第一城"。良渚古城遗址年代为公元前3300年-公元前2000年。

2019年7月,在第43届世界遗产大会上,"良渚古城遗址"被联合国教科文组织作为"世界文化遗产"列入《世界遗产名录》。

良渚古城整体呈圆角长方形,正南北方向,总面积达290多万平方米,比400个足球场还要大。良渚古城的普通居民住在城的外围,贵族则住在城中央约30万平方米的莫角山土台上。

良渚古城的外围水利系统是古城的重要组成部分,也是其地理边界,为古城的安全与发展提供了必要的保障。这个水利系统是迄今所知中国最早的大型水利工程,也是世界最早的水坝。良渚文化的年代为距今5300-4300年前,持续发展长达1000年,属于新石器时代晚期的考古发现。

良渚古城遗址出土的器物包括玉器、陶器、石器、漆器等,总量达10000多件。其中,玉器主要作为随葬品出土于分不同等级的墓地,总数不少于7000件。玉琮是最重要和最具代表性的玉器。

这种内圆外方、代表"天圆地方"原始宇宙观的筒形玉器，是良渚文化的原创器型。

良渚古城遗址真实、完整地保存至今，为中国5000年文明史提供了独特的见证。2019年7月8日，良渚古城遗址公园开门迎客，公园里使用各种现代科技，比如虚拟实境VR眼镜。2019年10月31日，良渚古城遗址公园成为全球首个5G全覆盖的国家遗址公园。古今文化的碰撞将把良渚古城遗址以独特的方式保存和展现在世人面前。最有意思的是，公园内设置了考古模拟中心和手工作坊，特别适合带孩子来一起体验考古和手作的乐趣。

阅读

1. C 2. A 3. B 4. D 5. C
6. 淡泊名利 7. 定情 8. 蔚然成风 9. 娇媚 10. 绽放
11. 男女定情的信物 12. 药材 13. 观赏的花卉 14. 唐代
15. 对。牡丹是原产于中国的名贵花卉。
16. 对。以花喻人是中国文化的一个特有传统。
17. 错。从宫廷到民间，种植观赏牡丹蔚然成风。
18. 错。李白用牡丹赞美杨贵妃
19. 错。每年的4月底5月初时花开正旺，是观赏牡丹的好时节。
20. C 21. A 22. B 23. G
24. B 25. C

听力

1. 浙江
2. 中华第一城
3. 圆角长方形
4. （良渚古城的外围）水利系统
5. 1000年
6. A 7. D 8. A 9. B 10. D
11. 错 12. 错 13. 对 14. 对 15. 对

-96-

小站稻：中国饭碗装中国好粮

阅读文本

小站稻：中国饭碗装中国好粮

米饭是中国人餐桌上的重要食物。"稻花香里说丰年"，饱满的水稻总是和幸福的生活联系在一起。

中国水稻种植遍布南北，品种也是相当的多。产自天津的小站稻就是一种深受人们喜爱的大米，当地人形容用小站稻做出的米饭是"一家煮饭，四邻飘香"。

小站稻的名字起源于天津市小站镇。这里面积不大，却面朝渤海、拱卫京畿，自古以来就是屯兵重地，影响中国近代军事史的小站练兵也在此地。正是因为小站的重要地理位置，小站还被欧美国家绘制到了19世纪的世界地图上。

宋辽时期，士兵们种植了最初的小站稻，后来在清朝时小站稻成为了宫廷御膳米，被端上了皇帝的餐桌。20世纪50年代，小站稻以特二级优质米的身份远销日本、东欧、东南亚、古巴等地。

小站稻从历史走到今天，融入了更多新科技，目前已经培育出了几十种抗病虫害、耐旱耐盐碱、亩产高的优质水稻品种。小站稻在生产上逐步实现机械化全覆盖，使用无人机进行绿色防控，大大提高了生产效率。

随着中国经济的发展，人们越来越追求高品质的生活。中

国人的饭碗里不仅要装满米,还要装好米。小站稻里的"津川1号""天隆619""津稻919"等明星品种,专家鉴定后认为,从外观品质、蒸煮品质、食味品质等综合特性上来看,都与日本最好的品种"越光米"相当,已达到世界先进水平。

阅读练习

一、根据文章第一段到第四段的内容,从下面各说法中选出四个正确答案。请把答案写在方框里。(4分)

| 1._____ | 2._____ | 3._____ | 4._____ |

A. 所有中国人都特别喜欢吃面条和饺子。

B. 小站稻之所以著名是因为用它煮出来的饭特别香。

C. 中国天津有一个小站镇,那里曾是屯米重地。

D. 小站镇位处中国海的边上。

E. 你可以在19世纪的世界地图上找到小站镇。

F. 最早的小站稻是由军人种植的。

G. 小站稻在清朝是皇帝的宫廷御膳米。

H. 从1850年起,小站稻米就开始出口到亚欧地区。

二、从文章中找出与下面各项意思最接近的词语。(5分)

5.【第二段】分布到各个地方　　　　　　　　　　　_____

6.【第三段】开始的地方　　　　　　　　　　_____

7.【第六段】鉴别并确定　　　　　　　　　　_____

8.【第六段】把不同种类的事物统括起来　　　_____

9.【第六段】特有的性质　　　　　　　　　　_____

三、根据文章第六段内容，回答下面的问题。（4分）

10. 现在的人对生活有什么样的追求？

_____

11. 现在的中国人对米饭有什么样的要求？

_____

12. 哪种稻米是小站稻的著名品种？请举出一个例子。

_____

13. 从哪个方面可以判断稻米的质量？请举出一个例子。

_____

四、根据文章内容，判断下列说法是对还是错，并用文中内容说明理由。（5分）

对　错

14. 米饭对中国人来说非常重要。　　　　　　　　　　□　□

理由：_____

15. 用小站稻做出来的米饭非常香。　　　　　　　　　□　□

理由：_____

16. 现在的小站稻已经有十几个水稻品种。　　　　　　□　□

理由：_____

17. 为了提高生产效率，小站稻生产加进了更多的新科技。□　□

理由：_____

18. 日本最好的水稻品种叫"越米光"。　　　　　　　　□　□

理由：_____

五、根据文章的内容，从右边选出最合适的结尾来完成左边的短句。（5分）

19. 对中国人来说，饱满的水稻总是和 ☐

20. 科学家培育出了抗病虫害、亩产高的 ☐

21. 现代水稻种植使用无人机进行 ☐

22. 小站稻的质量已经达到 ☐

23. 影响中国近代军事史的小站练兵 ☐

A. 也在此地。

B. 优质水稻品种。

C. 幸福的生活联系在一起。

D. 深受人们喜爱的大米。

E. 全覆盖。

F. 绿色防控。

G. 世界先进水平。

H. 重要地理位置。

六、根据文章的内容，把下面的段落和正确的段落大意搭配起来。（2分）

24. 第三段 ☐

25. 第六段 ☐

A. 天津的小站稻深受人们喜爱，"一家煮饭，四邻飘香"

B. 小站稻目前已经培育出了几十种优质水稻品种

C. 小站稻的名字起源于天津市小站镇

D. 小站稻的明星品种已达到世界先进水平

E. 米饭是中国人餐桌上的重要食物，饱满的水稻总是和幸福的生活联系在一起

 听力练习

一、根据录音内容，回答下面的问题。（5分）

1. 中国的第一大传统节日叫什么节？

   _____

2. "但愿人长久，千里共婵娟"写于什么朝代？

   _____

3. "月老"用什么掌管人们的爱情？

   _____

4. 传说中的嫦娥和谁一起住在月亮上？

   _____

5. 传说中的嫦娥已经在月亮上住了多久了？

   _____

二、根据录音内容，选择正确答案。（5分）

6. 中秋节是在_____。　　　　　　　　　　　　　　　□

   A. 公历八月十五日　　　　　　B. 春节前的一个月

   C. 农历八月十五　　　　　　　D. 春节后的一个月

7. 中国古代的诗人喜欢用月亮_____。

    A. 寄托情感　　　　　　　　B. 吟诵词句

    C. 过中秋节　　　　　　　　D. 编写神话

8. 月老是_____。

    A. 西方的爱神　　　　　　　B. 中国的爱神

    C. 西方的丘比特　　　　　　D. 长着翅膀的儿童

9. 宇航员科林斯_____。

    A. 看到嫦娥了　　　　　　　B. 看到兔女郎了

    C. 看到玉兔了　　　　　　　D. 什么都没有看见

10. 中国的探月工程叫_____。

    A. 玉兔　　　　　　　　　　B. 月球

    C. 嫦娥　　　　　　　　　　D. 阿波罗

三、根据录音内容，判断下列说法是否正确。（5分）

11. 录音中提到的中秋节刚刚过去。

12. 中秋节那天的月亮又圆又亮。

13. 嫦娥姑娘和玉兔在2013年来到月球。

14. 月亮其实就是一个星球。

15. 中秋节的晚上，中国人要和家人一起吃月饼。

 听力文本

中国人的月亮情结

农历八月十五是中国第二大传统节日中秋节,仅次于春节。这一天,月亮圆满、晶莹,格外吸引人。中国自古以来就有中秋赏月的习俗。

中国人对月亮非常钟情,古代的诗人特别喜欢用月亮来寄托情感。宋代词人苏东坡的"但愿人长久,千里共婵娟"就是被大家吟诵最多的中秋佳节词句之一。

中国人还有很多关于月亮的美丽想象。在民间流传着月下老人的传说。月老用一根红线掌管着人们的爱情和婚姻,很像西方的爱神丘比特。只不过丘比特是一个长着翅膀的小孩儿,而月老是一位鹤发童颜的老人。

此外,中国有关月亮最重要的神话故事就是"嫦娥奔月"了。相传嫦娥是一个住在月亮上的仙女,她的身旁有一只兔子陪伴,中国人把这只兔子称为"玉兔"。

1969年"阿波罗11号"登月前,休斯敦地面指挥中心就曾对太空中的宇航员说:"有人要你们注意一个带着大兔子的可爱姑娘。在一个古老的传说中,一个叫嫦娥的中国美女已经在那里住了4000年……你们也可以找找她的伙伴——一只中国大兔子。这只兔子很容易找,因为它总是站在月桂树下。"宇航员科林斯立刻回答说:"好的,

我们会密切关注这位兔女郎。"可见，美国人也听过嫦娥奔月的传说。中国的探月工程也以"嫦娥"命名。2013年，"嫦娥三号"探测器带着"玉兔号月球车"成功着陆月球，将嫦娥和玉兔的神话变成了现实。

尽管今天我们已经知道月亮上其实是没有仙女的，它只不过就是太空中的一个星球。但是现在每到中秋晚上，月圆之时，中国人还是会和家人一起赏月、吃月饼。中国人一边探索太空、探索月球，一边保留着传统的中秋习俗。中国人的月亮情结在与圆月相呼应的团圆和睦、圆满包容的中国文化和精神生活中世世代代地延续了下来。

练习答案

阅读

1. B 2. E 3. F 4. G

5. 遍布 6. 起源 7. 鉴定 8. 综合 9. 特性

10. 追求高品质的生活

11. 不仅要装满米，还要装好米

12. "津川1号" "天隆619" "津稻919"（任意一个）

13. 外观品质、蒸煮品质、食味品质等综合特性

14. 对。米饭是中国人餐桌上的重要食物。

15. 对。一家煮饭，四邻飘香。

16. 对。目前已经培育出了几十种优质水稻品种

17. 对。融入了更多新科技

18. 错。日本最好的品种"越光米"

19. C 20. B 21. F 22. G 23. A

24. C 25. D

听力

1. 春节

2. 宋代/宋朝

3. 一根红线

4. 玉兔/兔子

5. 4000年

6. C 7. A 8. B 9. D 10. C

11. 错 12. 对 13. 错 14. 对 15. 对

抢救"天书"《南海更路经》

抢救"天书"《南海更路经》

当今的渔民远海出行都有机动船和卫星导航。几百年前,渔民所面临的航海条件远比今天困难得多,但是,中国古代的渔民有着远超我们想象力的智慧。近日,一本指路"天书"《南海更路经》走进了大众的视野。

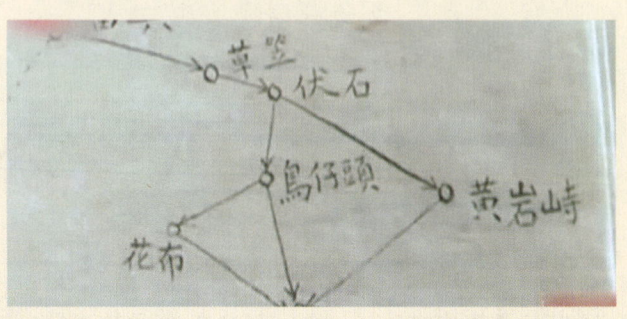

《南海更路经》是古代中国海南渔民航行的路线图和经验集,曾经是每位船长的航海"圣经",至少已有400年的历史。当时的渔民到南沙捕捞会记录下诸岛的情况。南海有百处岛礁都是在书中被第一次命名、记录,进而得到开发和管辖的。

更令人称奇的是,先民们驾驶小舟,运用观鸟、观云等原始方法绘出的路线图竟与现代航海图惊人的相似。可以想象,除了智慧之外,这样精准的航线图是很多渔民用血汗换来的。

现在,新一代的南海渔民已不再依赖《南海更路经》了,但他们还在沿用曾经的线路,使用书中的术语,出海前也会按照传统来祭祀。他们仍然在践行着书中所强调的对于海洋的征服、利用与守护的法则。

如今,由于书籍保存困难和传承者故去,这本航海天书正面临困境。中国政府将其列入"非物质文化遗产"名录,进行积极的抢救,因为它是中国人开发南海的特殊历史见证。同时,对世代生活在南海的渔民来说,书中记载的就是他们日复一日的生计。他们比任何人都熟悉和热爱南海,比任何人都希望南海和平稳定。

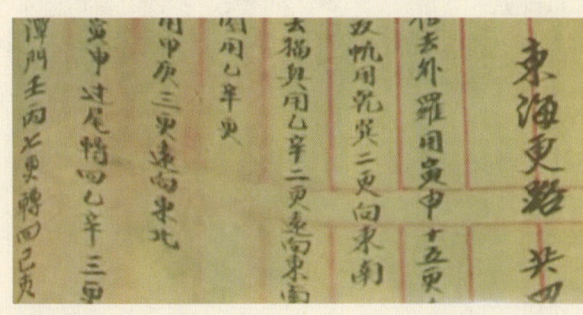

阅读练习

一、根据文章的内容，从下面各题的四个选项中选出正确答案。（5分）

1. 现在的渔民出海使用_____。 ☐

   A. 想象力 B.《南海更路经》

   C. 卫星导航 D. 航海经验

2.《南海更路经》被称为_____。 ☐

   A. 渔民的指路天书 B. 路线图

   C. 经验集 D. 航海记录

3.《南海更路经》已有多少年的历史？ ☐

   A. 100年 B. 200年

   C. 300年 D. 400年

4. 南海很多岛礁_____。 ☐

   A. 在《南海更路经》中被首次命名

   B. 没有在《南海更路经》中提到

   C. 在《南海更路经》中有开发计划

   D. 在《南海更路经》中有管理规定

5. 当时的渔民用什么方法绘制路线图？ ☐

   A. 驾驶轮船 B. 使用无人机

   C. 运用捕鱼的原始方法 D. 运用观鸟的原始方法

-111-

二、从文章中找出与下面各项意思最接近的词语。（5分）

6.【第一段】眼睛所能看到的空间范围　＿＿＿＿＿＿

7.【第三段】让人感到惊奇　＿＿＿＿＿＿

8.【第四段】完全依靠，离不开　＿＿＿＿＿＿

9.【第四段】置备供品对神灵行礼，祈求护佑　＿＿＿＿＿＿

10.【第五段】一天又一天　＿＿＿＿＿＿

三、根据文章第四段和第五段，回答下面的问题。（4分）

11. 现代的渔民还在使用《南海更路经》吗？请说出一个理由。

＿＿＿＿＿＿＿＿＿＿＿＿＿＿＿＿＿＿＿＿＿＿＿＿＿＿＿

＿＿＿＿＿＿＿＿＿＿＿＿＿＿＿＿＿＿＿＿＿＿＿＿＿＿＿

12.《南海更路经》现在的境况如何？为什么？

＿＿＿＿＿＿＿＿＿＿＿＿＿＿＿＿＿＿＿＿＿＿＿＿＿＿＿

＿＿＿＿＿＿＿＿＿＿＿＿＿＿＿＿＿＿＿＿＿＿＿＿＿＿＿

四、根据文章内容，判断下列说法是对还是错，并用文中内容说明理由。（5分）

                                                                                                对   错

13. 现代的航海条件和几百年前的航海条件一样困难。☐ ☐

理由：_____

14. 《南海更路经》是当代渔民的航海路线图和经验集。☐ ☐

理由：_____

15. 《南海更路经》里的航线图非常精准。☐ ☐

理由：_____

16. 《南海更路经》强调了利用和守护海洋的法则。☐ ☐

理由：_____

17. 中国政府把《南海更路经》列入"非物质文化遗产"名录。☐ ☐

理由：_____

五、根据文章的内容，从右边选出最合适的结尾来完成左边的短句。（4分）

18. 近日，一本指路"天书"走进了 ☐

19. 《南海更路经》曾经是每位船长的 ☐

20. 《南海更路经》是中国人开发南海的 ☐

21. 南海的渔民比任何人都熟悉 ☐

A. 航海"圣经"。

B. 特殊历史见证。

C. 和热爱南海。

D. 大众的视野。

E. 诸岛的情况。

F. 记载航海经验。

G. 南海百处岛礁。

六、根据文章的内容，把下面的段落和正确的段落大意搭配起来。（2分）

22. 第三段 ☐

23. 第四段 ☐

A. 新一代的南海渔民还在依赖《南海更路经》航海

B. 《南海更路经》中的路线图与现代航海图惊人的相似

C. 《南海更路经》是古代中国海南渔民航行的路线图和经验集

D. 《南海更路经》正面临着困境

E. 新一代的南海渔民还在沿用《南海更路经》的线路

一、根据录音内容，回答下面的问题。（5分）

1. 肯德基在中国的第一家分店是在哪个城市？

_____

2. 肯德基来到中国已经多少年了？

_____

3. 录音中的"我"是做什么工作的？

_____

4. 肯德基在中国的第一家分店里的领班是从哪里来的？

_____

5. 肯德基刚在中国开业的时候，价钱怎么样？

_____

二、根据录音内容填空。（5分）

6. 20世纪_____末，肯德基在中国的第一家分店开业了。

7. 肯德基在中国的第一家分店开业那天，我作为陪同_____跟着吃了一顿肯德基。

8. 如今30多年过去了，采访内容一句也记不得，只记得肯德基的_____。

9. 现在的肯德基也卖_____中国人口味的新产品，比如老北京鸡肉卷。

10. 饮食的_____与融合把不同文化背景的人们联系了起来。

三、根据录音内容，判断下列说法是否正确。（5分）

11. 肯德基是美国著名的快餐店品牌。　　　　　　　　　　☐

12. 肯德基是一个有几十亿美元的投资项目。　　　　　　　☐

13. 肯德基刚开业时，外国驻京记者都来吃肯德基。　　　　☐

14. 肯德基的代表标志是一个长着白色胡子的老人。　　　　☐

15. 现在中国的大中小城市都有肯德基。　　　　　　　　　☐

从"洋快餐"看中西方文化融合

20世纪80年代末,美国快餐业巨头肯德基在北京开设了第一家分店,成为第一个进入中国市场的美国快餐品牌。到如今,"洋快餐"已经在中国这个美食国度驻扎了30多年。

我是中国最早一批吃到肯德基的人。1987年11月12日,中国第一家肯德基前门店开业。这对于改革开放刚刚起步的中国来说,绝对是一件大事,甚至比今天一个几十亿美元的投资项目还具轰动效应。外国驻京记者蜂拥而至,当时美国最大的全国发行的报纸《今日美国》还专门派了一个记者组来北京采访,我作为陪同翻译跟着吃了一顿肯德基。如今30多年过去了,采访内容一句也记不得,只记得肯德基的味道。

当时"洋快餐"的经营方式在中国国内前所未有,领班和主要服务人员都是肯德基总部从新加坡调过来的。采访时,领班的东南亚口音和服务的专业术语给我这个刚毕业的"菜鸟"带来了不小的挑战。

那时,吃肯德基对中国人来说还是一种时髦甚至"奢侈"的消费。而如今,肯德基已经是年轻人生活中的一部分,留着白胡子的老上校成了中国大中小城市的一道风景。

以肯德基为代表的"洋快餐"不仅在中国扎了根,还推出了有中国特色味道的品种。一向注重标准化生产的肯德基聘请中国的专家顾问,改良出适合中国人口

味的新产品，新增了如皮蛋瘦肉粥、炸春卷和老北京鸡肉卷等品种。

　　在中国这个美食国度，饮食已经是文化的一部分。随着全球化的到来，各国饮食也开始走出国门。肯德基来到了中国，打卤面去了莫斯科，北京烤鸭更是飞到了全世界。这种饮食的交流与融合慢慢地编织起文化的纽带，把不同文化背景的人们联系了起来。

练习答案

阅读

1. C 2. A 3. D 4. A 5. D
6. 视野 7. 称奇 8. 依赖 9. 祭祀 10. 日复一日
11. 还在使用。沿用曾经的线路 / 使用书中的术语 / 出海前也会按照传统来祭祀（任意一个）
12. 这本航海天书正面临困境，因为书籍保存困难 / 传承者故去
13. 错。几百年前，渔民所面临的航海条件远比今天困难得多。
14. 错。是古代中国海南渔民航行的路线图和经验集
15. 错。这样精准的航线图
16. 对。他们仍然在践行着书中所强调的利用与守护的法则。
17. 对。中国政府将其列入"非物质文化遗产"名录。
18. D 19. A 20. B 21. C
22. B 23. E

听力

1. 北京
2. 30多年
3. 翻译
4. 新加坡
5. 很贵
6. 80年代 7. 翻译 8. 味道 9. 适合 10. 交流
11. 对 12. 错 13. 错 14. 对 15. 对

出版策划：王君校　韩　晖
统筹协调：付　眉　韩　颖　彭　博
策划编辑：刘小琳
责任编辑：杨　晗
封面设计：几何创想
印刷监制：汪　洋

图书在版编目(CIP)数据

IBDP 中文 B 听读精练·HL·1 / 冯薇薇主编. — 北京：华语教学出版社，2020.5
ISBN 978-7-5138-1947-3

Ⅰ.①I… Ⅱ.①冯… Ⅲ.①汉语—听说教学—对外汉语教学—教学参考资料
Ⅳ.①H195.4

中国版本图书馆 CIP 数据核字 (2020) 第 044669 号

本册图书中的阅读及听力文本由中国网提供。

IBDP 中文 B 听读精练·HL·1

冯薇薇　主编

*

© 华语教学出版社有限责任公司
华语教学出版社有限责任公司出版
（中国北京百万庄大街 24 号　邮政编码 100037）
电话：(86)10-68320585, 68997826
传真：(86)10-68997826, 68326333
网址：www.sinolingua.com.cn
电子信箱：hyjx@sinolingua.com.cn
大厂回族自治县彩虹印刷有限公司印刷
2020 年（16 开）第 1 版
2020 年第 1 版第 1 次印刷
ISBN 978-7-5138-1947-3
006900